戴叔倫詩集
許丁卯詩真蹟録
丁卯集
嘉定鎮江志（一）

陳慶年 編

橫山草堂叢書

①

江蘇地方文獻叢刊

廣陵書社

圖書在版編目（CIP）數據

橫山草堂叢書 / 陳慶年編. -- 揚州 : 廣陵書社,
2023.10
（江蘇地方文獻叢刊）
ISBN 978-7-5554-2029-3

Ⅰ. ①橫… Ⅱ. ①陳… Ⅲ. ①地方文獻—匯編—鎮江
Ⅳ. ①K295.33

中國國家版本館CIP數據核字(2023)第192755號

ISBN 978-7-5554-2029-3

書　　名　橫山草堂叢書
編　　者　陳慶年
責任編輯　鄒鎮明
出 版 人　曾學文
出版發行　廣陵書社
揚州市四望亭路 2-4 號　郵編 225001
（0514）85228081（總編辦）　85228088（發行部）
http://www.yzglpub.com　E-mail: yzglss@163.com
印　　刷　無錫市海得印務有限公司
裝　　訂　無錫市西新印刷有限公司
開　　本　889 毫米 × 1194 毫米 1/32
印　　張　96.25
版　　次　2023 年 10 月第 1 版
印　　次　2023 年 10 月第 1 次印刷
標準書號　ISBN 978-7-5554-2029-3
定　　價　980.00 圓（全五冊）

出版説明

《横山草堂叢書》，陳慶年編，鎮江地方文獻叢書。

陳慶年（一八六三——一九二九），字善餘，號石城鄉人，晚年自號横山，人稱横山先生，江蘇丹徒（今屬鎮江）人。其父陳懋桓，字子貞，學識淵博，但淡泊名利，以教書爲業。陳慶年自幼聰穎，跟隨父親讀書，後考入縣學，拔補廩生。光緒十二年（一八八六），考入江陰南菁書院，潛心治學，『得盡讀南菁書院藏書，獲交四方知名人士』，被王先謙、黄以周贊歎爲『吾門得一汪容甫矣』。然他不樂仕進，後入張之洞、端方幕府，又執教於兩湖書院，主掌湖南學務，編撰有《兵法史略學》《五代史略》《中國歷史教科書》等；又曾任長沙圖書館監督及江楚編譯局、江南圖書館（今南京圖書館）坐辦等。長沙圖書館乃我國第一座公共圖書館，其規劃、籌建皆離不開陳慶年的積瘁經營。江南圖書館同樣也是陳慶年用心籌建而成，在其擔任坐辦期間，曾奔走於江浙之間，使得錢塘丁氏八千卷樓之藏書得『橐載而歸我江南』，免於流落日本人之手。可以説，陳慶年於我國藏書事業及近代圖書館建設事業貢獻卓著。陳慶年晚年致力於鎮江地方鄉土文獻的整理和刊刻，爲後世所稱道，其中最重要的成就即《橫山草堂叢書》。陳慶年一生勤奮治學，潛心著述，其學『騰踔百家間』，宏闊廣大，于經史、目録、輿地、兵事、食貨、教育等皆有所得，堪稱鎮江近代學者最杰出的代表。

《橫山草堂叢書》爲陳慶年據江南圖書館等所藏資料，輯鎮江人士、寓居鎮江人士所撰著作，以及與鎮江地域有關之著作而成。光緒年間，其父陳懋桓搜集鎮江當地掌故舊聞，編成《京口掌故叢編》，『此所録者，道光、咸豐兵事耳；壬寅、癸丑二役外，他事顧不具，未爲全編』。陳懋桓有效仿錢塘丁氏刊刻《武林掌故叢編》之意，但因種種原因未能如願，故叮囑陳慶年『他日必思有以成之』。陳慶年在擔任江南圖書館坐辦期間，飽覽丁氏八千卷樓藏書，『遇吾邑先哲遺書，必爲鈔存，兼掇遺亡，漸更鳩聚，校寫不爲疲也』。陳慶年先於宣統二年（一九一〇）刊刻《嘉定鎮江志》；翌年，又刻成《芸窗詞》《雲山日記》《京口三山志》；『至甲寅乙卯間，吾邑名人撰述自唐暨明有板於吾草堂，每朝遂各得數種』，陸續刊刻，於一九一九年全部刊成。《橫山草堂叢書》共收書二十二種（亦有作二十三種者，蓋爲同一作者數種書分開計算），另附《佛地考證三種》。其擬目原共三十三種，其中十二種爲陳慶年著述，但此十二種著述中僅《横山保石牘存》《崇德窰捐牘存》兩種得以刊刻。

《横山草堂叢書》共分兩集。第一集收録《戴叔倫詩集》《許丁卯詩真蹟録》《丁卯集》《嘉定鎮江志》《海岳名言》《二王帖評釋》《芸窗詞》《芸隱勌游藁》《芸隱横舟藁》《存悔齋詩》《雲山日記》《快雪齋集》《孤篷倦客集》《京口三山志》《陸右丞蹈海録》《西征日録》《制府雜録》《開沙志》等，第二集收録《遭亂紀略》《焦東閣日記》《億堂文鈔》《横山保石牘存》《崇德窰捐牘存》等，附録《佛地考證三種》，即清丁謙撰《晉釋法顯佛國記地理考證》《魏宋雲釋惠生西域求經記地理考證》《釋辯機大唐西域記地理考證・五印度疆域風俗制度考略》。所收包括『唐人詩集、宋人詞令、元人筆記、明時地志、清時史志』等多方面題材。每種書的書名均用篆字書寫，書前書後有陳慶年所作序跋，交待刊刻原因、底本來源、版本價值、作者生平及校勘記等，是研究鎮江地方歷史文化的重要資料。不僅如此，整部叢書『字體清整，刀鋒明快』，刊刻質量也屬上乘，爲横山草堂刻書的代表之作。《横山草堂叢書》中，最能體現陳慶年校勘水準和功力的是《嘉定鎮江志》一書。

《嘉定鎮江志》二十二卷，宋盧憲纂。《直齋書録解題》載此書有三十卷。但在流傳過程中亡佚八卷，後人僅從《永樂大典》中録出二十二卷。嘉慶年間，阮元得此書抄本二十二卷。道光年間，鄉賢包景維請於阮元，欲刊刻此書，阮元特聘請劉文淇及其子劉毓崧爲之校勘。光緒三十三年（一九〇七），陳慶年于焦山松寥閣發現《嘉定鎮江志》存本藏於其中，『欲爲雕播』。陳慶年『篤嗜宋元兩志』，對此志反復讎校，考證出不少劉氏父子的『多未精確』之處，撰成《嘉定志校勘記》一卷。《嘉定鎮江志》是研究鎮江地方史的重要文獻，此書的校訂刊刻，深刻地反映了陳慶年在文獻校勘整理和鄉土研究方面的成就。

爲保存和發揚中華民族優秀傳統文化，爲鎮江地方乃至江蘇的歷史文化研究提供豐厚而有價值的地方文獻，此次特據清宣統至民國間丹徒陳氏橫山草堂刻本影印，以饗讀者。由於本叢書爲數年間陸續刊刻，各家所藏多有殘缺，此次影印，以鎮江市圖書館藏本爲主，鎮江市圖書館藏本所缺之《陸右丞蹈海録》《西征日録》《制府雜録》三種則據上海圖書館藏本補全，《佛地考證三種》則據南京圖書館藏本補全。而《橫山保石牘存》《崇德窑捐牘存》兩種之刻本，三家館藏皆缺，南京圖書館藏有一抄本，爲據橫山草堂刻本所抄，現據以影印收入，以成完璧。

廣陵書社

二〇二三年十月

總目

第一册

第二册

第三册

第四册

第五册

橫山草堂叢書

王宗炎署檢

月社陳庵丰戴栞

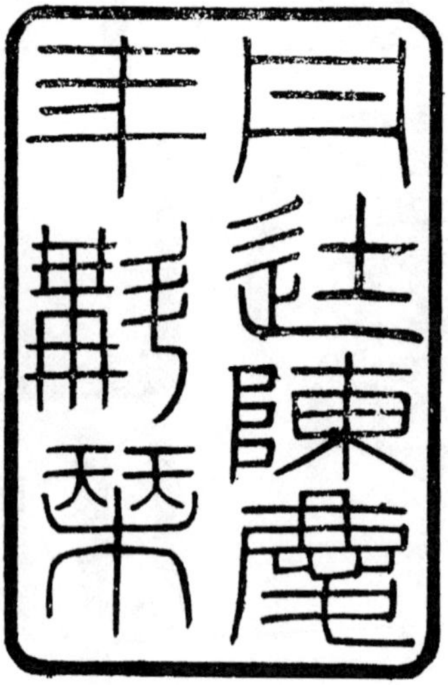

橫山草堂叢書序

橫山先生漢代大師吳中高士授顧門之絕業堂號傳經接三詔之隱居身爲遺老空山白兔冢近上皇之故村劫運紅羊心念世臣之喬木搜巖藪自求野獲之編釣水游邱遂撰敬鄉之錄惟先生之懷風土乃下問而及壤流敢作鄭箋慮同郢說夫曾論記鄉黨之篇周禮列大夫之職山川羇旅猶臨睨其舊鄉城郭是非或歸來於華表故家燕社指先家以爲正太史龍門懼舊聞之蓋闕豈有韓詩作傳說經而畔其師殷禮能徵數典而忘其祖先生則商量舊學獨抱遺編既索隱而甄微復求全而補闕黃墨必謹朱宣憲之擇精朱紫以分鄭思元之考實託始中唐之別集體取編年多收歷代之圖經禮從求野或以街談曲綴之事采證官書或以名

臣琬琰之文校補國史騎省之列名牘尾例在玉台弁山之廣貯樓居名齊雲水於是多見多聞識大識小聚英靈於淮海異代同時續小集於江湖羣賢畢至暮年穹谷因成埜客之叢書他日名山或備先朝之掌故此先生之職志一也建炎淮揚之役至元江海之軍更歷兩朝盩離五厄始啟嫌於烏喙海水羣飛終延禍於赤眉崑岡一炬帷囊縢蓋取自金函玉笈之餘典冊高文踐於馬足車輪之下圖書東壁將永付昆明之劫灰文學北方更莫得韓陵之片石先生則采掇淪湮網羅散失衣冠疇昔拾其墮履遺簪鱗爪東西等於埋胔掩骼望東歸之白馬捆載藏經遮西去之青牛彊留著述竹書墓穴盡收汲郡之叢殘畫象祠堂如覩武梁之顏色譬滄海遺珠之作因以拾補羣書當金源亡鼎之年并及河汾

諸老此先生之職志二也潮流漸海祆火刺天在詩書發冢之時有憲章墜地之懼中原文物國服武靈之裝南朝士夫家習鮮卑之語取論語爲代薪之具顛倒衣裳呼公羊爲賣餅之家用覆醬瓿是何雞狗議廢曲臺之篇歲在龍蛇坐歷永嘉之劫先生則戢足小樓憂心莊獄過黍離之屋抱器而奔防瓜議之坑鑿楹而納彊識旁行之字感異夢於東坡嗟無老成之人思典刑於北海微言大義求桁頭晚出之書秘錄函經充柱下守藏之史五百人名賢之傳既各表其門廬十八州士族之家免俱淪於輿皁江河日月千秋之文獻斯存風雨晦明夜半則鬼神入謝又豈惟吳都續粹會稽掇英廣州之號四先生蘇門之稱六君子魚龍寂寞寄平居故國之思桑梓敬恭謝父老江東之責而已此先生之職志三也

先生功在存古義惟述先以茲三矢之還實出一經之遺蓋以一門卿長家有太邱七略校讐受之中壘其尊人月如先生生丁道咸之季蟄居山海之濱潛德在鄉輯書行世滄桑兵火言東海之揚塵第宅衣冠賦西京而懷舊亂離天寶都入杜陵詩史之篇士女江南爭傳洛陽伽藍之記先生則躬承門業世傳家學枕窺鴻寶發東觀未見之書筆絕麟經完西狩未竟之志先人所次念父談之論文前史未詳繼叔皮而就業是以累朝盛典又出賈家兩書并行咸推李氏以多識前言往行趨過東家詩禮之庭乃繼採遺事異聞都爲南邦黎獻之集枌榆鄉社可云篤舊之仁人喬梓山陰亦曰克家之令子也已鉽始知先生纔逾弱冠讀書精舍從房元都講之班載酒元亭列侯芭問字之席已而洊陽開府西河迎

門僕生掞朱亥以登車桓公招郄超而入幕吳兢之領史局與其事者知幾羅濬之志四明許同羣者萬里舉劉緜於刺史謬曰二龍慙荀粲於門生詎窺全豹猥以塵露令點淵山實慣墨之悚心遂支離而攘臂歌巴人於下里蒙叟有言存故老於中州鉉翁題後春秋筆削莫贊孔門游夏之辭文藻江山請觀京口耆舊之傳歲在屠維協洽季秋之月後學泰興金鉽謹序

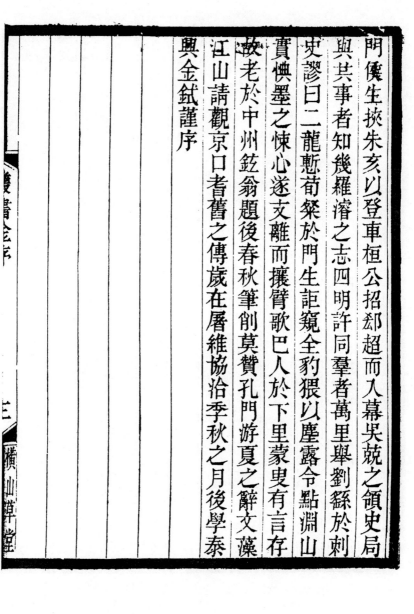

橫山草堂叢書總目

第一集

第二集

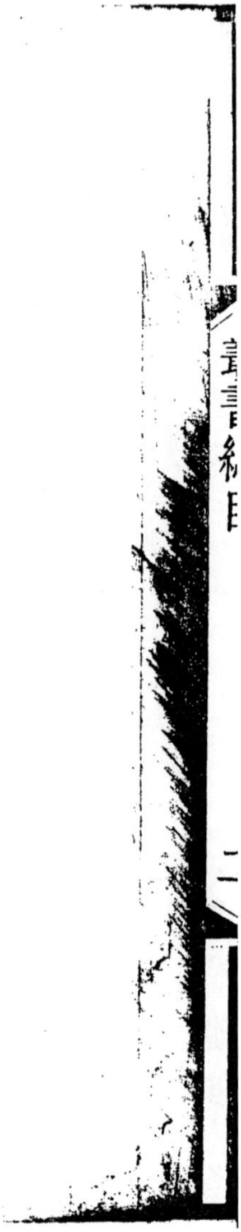

唐戴叔倫詩集一卷

甲寅季春

橫山艸堂

敘

光緒辛卯壬辰閒先君子鈔集吾潤舊聞爲京口掌故叢編越戊申邑人陶氏刊以問世先君子喜形於色詔慶年曰吾身丁離亂此所録者道光咸豐兵事耳壬寅癸丑二役外他事顧不具未爲全編近錢塘丁氏刻武林掌故叢編廣大悉備且於其外更刊武林往哲遺著至六十餘種此吾心所嚮往者今此方文獻無人收拾誠恐日就湮淪汝他日必思有以成之慶年謹誌之不敢忘時丁氏嘉惠堂藏書已於丁未冬十月載歸江南江督端忠敏公俾余領圖書館事余因得縱心其中遇吾邑先哲遺書必爲鈔存兼掇遺亡漸更鳩聚校寫不爲疲也宣統庚戌先刻嘉定鎮江志以有羣力之助幸得竟功明年辛亥又以芸窗詞雲山日記京口三山志先

後付之劊氏而國變遽作惶駭言歸日與庭闈相守戎車迭警未遑校刊之事癸丑揚鎮兵鬨出奔橫山老屋旋以金陵劇戰又侍先君子避地於滬適故人張黃樓彬南皮人僑寓海上過我談藝謂文獻之事不可中輟且於剞劂有所助余高其義戴容州許郢州之集因是議鋟於木余復毅然節縮盡力此事以時有所增益至甲寅乙卯閒吾邑名人撰述自唐暨明有板於吾草堂者每朝遂各得數種雖吾邦藝苑未遽蔚爲大觀然一卷爭傳九原可作則吾不死其鄉先哲之心固足爲此事舉隅也自南宋以來吾宗謀聚族之地獨在橫山三峯以南其靈氣往來已著於北宋初葉太平寰宇記所稱白兔山者是也吾更以意推而上之山之東北有上皇村上皇山樵殆居於是瘞鶴之銘其所書也其東側有唐山莊刁

景純之舊林也景純之葬亦在是山明一統志云東坡蓋嘗游焉其祭景純墓文所云撫茲空山者卽此山也吾族居西石城之西南有村名蘇游當以此明李東陽懷麓堂集亦有白兔山詩是名賢之遺躅高詠往往在此今藉列朝名籍以與此山互相輝映亦吾之愛山愛鄉生於吾心之自然而必欲傀焉以企其成者也時余作橫山草堂圖已度地於山之西麓歷時八載實未有堂心屢眷焉先君子復詔慶年曰汝於是堂與其結廬不如留書今吾邑人文既粗可揚詡汝之草堂固欣有託矣以數十卷之書作堂之十數楹觀則所以傳是堂者不將與吾橫山爭壽乎慶年過庭聞訓繹之豁然編目既終遂以橫山草堂叢書名之從先君子之志也族人源增惟瑞靜波安定樹珊學榮近皆出泉以佐鏤印謂墨本四出耀我三峯心乃怏然

則其言亦有足記焉惟辛亥以還慶年蟄居里巷鉛槧所及僅得此編而篋衍所鈔如蘇魏公集石淙詩稿之類卷帙少豐訖艱離播失估五載愀然以思何以慰先志於泉壤此則悱惻不甯而羣乎以望吾德之有鄰也歲在上章涒灘壬午月二十三日丁卯丹徒陳慶年敘於傳經堂之見山樓

戴叔倫詩集卷上目錄

泊鴈

戴叔倫詩集卷下目錄

七言律詩

五言絕句

戴叔倫詩集目錄

戴叔倫詩集卷上

湖南容管經略使潤州戴叔倫幼公

五言古詩

去婦怨

出戶不敢嗁風悲日悽悽心知恩義絕誰忍分明別下坂車轔轔畏逢鄉里親空持牀前幔卻寄家中人忽辭王吉去爲是秋胡死若比今日情煩寃不相似

古意

悠悠南山雲濯濯東流水念我平生歡託居在東里失既不足憂得亦不爲喜安貧固其然處賤寧獨恥雲閒慮我心水清濬吾味雲水俱無心斯可長伉儷

南野

治田長山下引流坦溪曲東山有遺塋南野起新築家世素業儒子孫鄙食祿披雲朝出畊帶月夜歸讀身勤竟亡疲團團欣在目野芳綠可採泉美清可掬茂樹延晚涼早田候秋熟茶烹松火紅酒吸荷杯綠解佩臨清池撫栗看修竹此懷誰與同此樂君所獨

留遊

泊舟古城下高閣快登眺大江會彭蠡羣峯割玄嶠清影涵空明黛色凝遠照碑留太史書詞刻長公調絕粒感楚四丹衷猶照耀懷哉不可招凭闌一悲嘯

江行

漾舟晴川裏挂席候風生臨泛何容與愛此江水清蘆洲隱遙嶂露日映孤城自顧疏野性屢忘鷗鳥情聊復於時顧暫

欲解塵纓驅馳非吾願虛懷浩已盈

孤鴻篇

江上雙飛鴻飲啄行相隨翔風一何厲中道傷其雌顧影明月下哀鳴聲正悲已無矰繳患豈乏稻粱資喈喈慕儔匹遠集清江湄中有孤文鵷翩翩好容儀共欣相知遇畢志同棲遲野田鴟鴞鳥相妬復相疑鴻志不汝較奮志起高飛焉隨腐鼠欲負此雲霄期

感懷二首

尺帛無長裁淺水無長流水淺易成枯帛短誰人收人生取舍閒趨競固非優舊交迹雖疏中心自云稠新交意雖密中道生怨尤踟躕復踟躕世路今悠悠

主人飲君酒勸君弗相違但當盡弘量觴至無復辭人生百

年中會合能幾時不見枝上花昨滿今漸稀花落還再開人老無少期古來賢達士飲酒不復疑

喜雨

閒居倦時燠開軒俯平林雷聲殷遙空雲氣布層陰川上風雨來灑然滌煩襟田家共歡笑溝澮亦已深團團聚鄰曲斗酒相與斟樵歌野曲中漁釣滄江潯蒼天豈有念悠悠終我心

歎葵花

今日見花落明日見花開花開能向日花落委蒼苔自不同凡卉看時幾日迴

從軍行

丈夫四方志結髮事遠遊遠遊歷燕薊獨戍邊城陬西風壠

水寒明月關山愁酬恩仗孤劍十年弊貂裘封侯屬何人蹉跎雪盈頭老馬思故櫪窮鱗憶深流彈鋏動深慨浩歌氣橫秋報國期努力功名良見收

七言古詩

女耕田行

乳鷰入巢筍成竹誰家二女種新穀無人無牛不及犁持刀斫地翻作泥自言家貧母年老長兄從軍未娶嫂去年災疫牛囤空截絹買刀都市中頭巾掩面畏人識以刀代牛誰與同姊妹相攜心正苦不見路人唯見土疏通畦壠防亂田整頓溝塍待時雨日正南岡下餉歸可憐朝雉擾驚飛東鄰西舍花發盡共惜餘芳淚滿衣

柳花歌送客往桂陽

滄浪渡頭柳花發斷續因風飛不絕搖煙拂水積翠間綴雪含霜誰忍攀夾岸紛紛送君去鳴棹孤尋到何處移家深入桂水源種柳新成花更繁定知別後消散盡卻憶今朝傷旅魂

邊城曲

人生莫作遠行客遠行莫戍黃沙磧黃沙磧下八月時霜風裂膚百草衰塵沙晴天迷道路河水悠悠向東去胡笳聽徹雙淚流羈魂慘慘生邊愁原頭獵犬夜相向馬蹏蹴蹋層冰上不侶京華俠少年清歌妙舞落花前

屯田詞

春來耕田徧沙磧老稚欣欣種禾麥麥苗漸長天苦晴土乾确确鉏不得新禾未熟飛蝗至青苗食盡餘枯莖捕蝗歸來

守空屋囊無寸帛缾無粟十月移屯來向城官教去伐南山
木驅牛駕車入山去霜重草枯牛凍死艱辛歷盡誰得知望
斷天南淚如雨

巫山高

巫山峨峨高插天危峯十二淩紫煙瞿塘嘈嘈急如弦洄流
遡逆將覆船雲梯豈可進百丈那能牽陸行巉巖洂不前灑
淚向流水淚歸東海邊含愁對明月明月空自圓故鄉回首
思綿綿側身天地心茫然

早春曲

青樓昨夜東風轉錦帳凝寒覺春淺垂楊搖絲鶯亂啼㫰㫰
煙光不堪翦博山吹雲龍腦香銅壺滴愁更漏長玉頰啼紅
夢初醒羞見青鸞鏡中影儂家少年愛遊逸萬里輪蹏去無

迹朱顏未衰消息稀腸斷天涯草空碧

白苧詞

館娃宮中露華冷月落嗁鴉散金井吳王扶頭酒初醒秉燭張筵樂淸景美人不眠憐夜永起舞亭亭亂花影新裁白苧勝紅綃玉珮珠纓金步搖回鸞轉鳳意自嬌銀箏錦瑟聲相調君恩如水流不斷但願年年此同宵東風吹花落庭樹春色催人等閒去大家爲歡莫猶豫頃刻銅龍報天曙

行路難

出門行路難富貴安可期淮陰不免惡少辱阮生亦作窮途悲顛倒英雄古來有封侯卻屬屠沽兒長安車馬隨輕肥靑雲賓從紛交馳白眼向人多意氣宰牛烹羊如折葵讌樂寧知白日短時時醉擁雙蛾眉楊雄閉門空讀書門前碧草春

離離不如拂衣且歸去世上浮名徒爾爲

相思曲

高樓重重閉明月腸斷仙郎隔年別紫簫橫笛寂無聲獨向瑶窗坐愁絶魚沈鴈杳天涯路始信人間別離苦恨滿牙牀翡翠衾怨折金釵鳳凰股井深轆轤嗟綆短衣帶相思日應緩將刀斫水水復連揮刃割情情不斷落紅亂逐東流水一點芳心爲君死妾身願作巫山雲飛入仙郎夢魂裏

五言律詩

送別錢起

陽關多古調無柰醉中聞歸夢吴山遠離情楚水分孤舟經暮雨征路入秋雲後夜同明月山窗定憶君

送張南史

陋巷無車轍煙蘿總是春賈生猶未達原憲竟忘貧草座留山月荷衣遠洛塵最憐知已在林下訪閒人

春日早朝應制

仙仗肅朝官承平聖主歡月沈宮漏靜雨濕禁花寒丹荔來金闕朱櫻貢玉盤六龍扶御日只許近臣看

早行寄朱放

山曉旅人去天高秋氣悲明河川上沒芳草露中衰此別又千里少年能幾時心知剡溪路聊且寄前期

除夜宿石頭驛

旅館誰相問寒鐙獨可親一年將盡夜萬里未歸人寥落悲前事支離笑此身愁顏與衰鬢明日又逢春

吳明府自遠而來留宿

出門逢故友，衣服滿塵埃。歲月不可問，山川何處來。綺城容弊宅，散職寄靈臺。自此留君醉，相歡得幾迴。

客夜與故人偶集

天秋月又滿，城闕夜千重。還作江南會，翻疑夢裏逢。風枝驚暗鵲，露草覆寒蛩。覊旅常堪最，相留畏曉鍾。

送友人東歸

萬里楊柳色，出關送故人。輕煙拂流水，落日照行塵。積夢江湖闊，憶家兄弟貧。徘徊灞亭上，不語自傷春。

江上別張歡

年年五湖上，厭見五湖春。長醉非關酒，多愁不爲貧。山川迷道路，伊洛困風塵。今日扁舟別，俱爲滄海人。

廣陵送趙主簿自蜀歸

將歸汾水上遠省錦城來已泛西江盡仍隨北鴈迴暮雲征馬速曉月故關開漸向庭闈近留君醉一杯

別友人

擾擾倦行役相逢陳蔡閒如何百年內不見一人閒對酒惜餘景問程愁亂山秋風萬里道又出穆陵關

宿城南盛本道懷皇甫冉

暑夜宿南城懷人夢不成高樓邀落月疊鼓送殘更隔浦雲林近滿川風露清東碕不可見矯首若爲情

暉上人獨坐亭

蕭條人境外兀坐獨參禪蘿月明盤石松風落澗泉性空長入定心悟自通玄去住渾無迹青山謝世緣

送崔融

王者應無敵天兵動遠征建牙連朔漠飛騎入胡城夜月邊塵影秋風隴水聲陳琳能草檄含笑出長平

遊少林寺

步入招提路因之訪道林石龕苔蘚積香徑白雲深雙樹含秋色孤峰起夕陰屟廊行欲徧回首一長吟

崇德道中

暖日菜心稠晴煙麥穗抽客心雙去翼歸夢一扁舟廢塔巢雙鶴長波漾白鷗關山明月到愴惻十年遊

雨

歷歷愁心亂迢迢獨夜長春帆江上雨曉鏡鬢邊霜唬鳥雲山靜落花溪水香家人亦念我與汝黯相忘

過賈誼宅

一謫長沙地三年歎逐臣上書憂漢室作賦弔靈均舊宅秋荒草西風薦客蘋淒涼回首處不見洛陽人

冬日有懷李賀長吉

歲晚齋居寂情人動我思每因一樽酒重和百篇詩月冷猿嗁慘天高鴈去遲夜郎流落入何日是歸期

送郎士元

白髮金陵客懷歸不暫留交情分兩地行色載孤舟黃葉蟬吟晚滄江鴈送秋何年重過此詩酒復追遊

春江獨釣

獨釣春江上春江引趣長斷煙棲草碧流水帶花香心事同沙鳥浮生寄野航荷衣塵不染何用濯滄浪

山居即事

巖雲掩竹扉去鳥帶餘暉地僻生涯薄山深俗事稀養花分宿雨翦葉補秋衣野渡逢漁子同舟蕩月歸

賦得長亭柳

濯濯長亭柳陰連灞水流雨搓金縷細煙裊翠絲柔送客添新恨聽鶯憶舊遊贈行多折取那得到深秋

客中言懷

白髮照烏紗逢人只自嗟官閑如致仕客久似無家夜雨孤鐙夢春風幾度花故園歸有日詩酒老生涯

山行

山行分曙色一路見人稀野鳥嘑還歇林花墮不飛雪迷棲鶴寺水涉釣魚磯回首天將暝逢僧話未歸

春日訪山人

遠訪山中客分泉謾煮茶相攜林下坐共惜鬢邊華歸路逢殘雨沿溪見落花候門童子問遊樂到誰家

臥病

門掩青山臥莓苔積雨深病多知藥性客久見人心衆鳥趨林健孤蟬抱葉吟滄洲詩社散無夢盍朋簪

贈月溪羽士

月明溪水上誰識步虛聲衣靜金波冷風微玉練平自知塵夢遠一洗道心清更弄瑤笙罷秋空鶴又鳴

贈行腳僧

補衲隨緣住難維塵外蹤木杯能渡水鐵鉢有降龍到處棲雲榻何年臥雪峰知師歸日近應偃舊房松

重遊長眞寺

同到長眞寺青山四面同鳥啼花竹暗人散戶庭空蒲澗千年雨松門午夜風舊遊悲往日回首各西東

晚望

山氣碧氤氳深林帶夕曛人歸孤嶂晚犬吠隔溪雲杉竹同年種煙塵此地分桃源寧異此猶恐世間人

寄贈翠巖奉上人

蘭若倚西崗年深松桂長似聞葛洪井還近贊公房挂衲雲林淨翻經石榻涼下方一回首煙露日蒼蒼

過龍灣五王閣訪友人不遇

野橋秋水落江閣暝煙微白日又欲午高人猶未歸青林依石塔虛館靜柴扉坐久思題字翻憐柿葉稀

與友人過山寺

共有春山興幽尋此日同談詩訪靈徹入社愧陶公竹暗閑房雨茶香別院風誰知塵境外路與白雲通

送王明府

古井庇幽亭涓涓一竇明仙源通海水靈液孕山精久旱寧同涸長年祗自清欲彰貞白操酌獻使君行

送耿十三緯復往遼海

仗劍萬里去孤城遼海東旌旗愁落日鼓角壯悲風野迥邊城息烽消戍壘空轅門正休暇投策拜元戎

寄禪師寺華上人次韻三首

百年渾是客白髮總盈顛佛國三秋別雲臺五色連朝盤香積飯夜甕落花泉遥憶談玄地月高人未眠

禪心如落葉不逐曉風顛猊座翻蕭瑟皋比喜接連芙容開

紫霧湘玉映清泉白晝談經罷閑從石上眠
德士名難避風流學齊顛禮羅加璧至薦鶚與雲連塵世休
飛錫松林且枕泉近聞離講席聽雨半山眠

獨坐

白髮懷閻嶠丹心戀薊門官閑勝道院宅遠類荒村二月霜
花薄羣山雨氣昏東菑春事及好向野人論

舟中見雨

今夜初聽雨江南杜若青功名何鹵莽兄弟總彫零夢遠愁
蝴蝶情深愧鶺鴒撫孤終日意身世尙流萍

送僧南歸

兵塵猶須洞僧舍亦徵求師向江南去予方轂下留風霜兩
足白宇宙一身浮歸及梅花發題詩寄壠頭

江干

江干望不極樓閣影繽紛水氣多爲雨人煙遠是雲予生何濩落客路轉辛勤楊柳牽愁思和春上翠裙

過友人隱居

瀟灑絕塵喧淸溪流遶門水聲鳴石瀨蘿影到林軒地靜留眠鹿庭虛下飲猿春花正夾岸何必問桃源

宿天竺寺曉發羅源

黃昏投古寺深院一鐙明水砌長杉列風廊敗葉鳴山雲留別偈王事速歸程迢遞羅源路輕輿候曉行

留宿羅源西峯寺示輝上人

一宿西峯寺塵煩暫覺淸遠林生夕籟高閣起鐘聲山寂僧初定廊深火自明雖云殊出處聊與說無生

題橫山寺

偶入橫山寺湖山景最幽露涵松翠濕風湧浪花浮老衲供
茶盌斜陽送客舟自緣歸思促不得更遲留

泛舟

風輭扁舟穩行依綠水隄孤樽秋露滑短棹晚煙迷夜靜月
初上江空天更低飄飄信流去誤過子猷溪

宿靈巖寺

馬疲盤道峻投宿入招提雨急山溪漲雲迷嶺樹低涼風來
殿角赤日下天西偃腹虛簷外林空鳥恣嘶

江上別劉駕

天涯芳草徧江路又逢春海月留人醉山花笑客貧離杯傾
祖帳征騎逐行塵回首風流地登臨少一人

南軒

野居何處是軒外一橫塘座納薰風細簾垂白日長面山如對畫臨水坐流觴更愛閒花木欣欣得向陽

泊鴈

泊鴈鳴深渚收霞落晚川柝隨風斂陣樓映月低弦漠漠汀帆轉幽幽岸火燃壑危通細路溝曲繞平田

戴叔倫詩集卷上終

丹徒陳裕菁校

戴叔倫詩集卷下

湖南容管經略使潤州戴叔倫幼公

七言律詩

寄萬德躬故居

日暮山風吹女蘿故人舟楫定如何呂仙祠下寒砧急帝子閣前秋水多閩海風塵鳴戍鼓江湖煙雨暗漁蓑何時醉把黃花酒聽爾南征長短歌

酬耿少府見寄

方丈蕭蕭落葉中暮天深巷起悲風流年不盡人自老外事無端心已空家近小山當海畔身留環衞蔭牆東遙聞相訪頻逢雪一醉寒宵誰與同

寄司空曙

細雨柴門生遠愁向來詩句若爲酬林花落處頻中酒海燕飛時獨倚樓北郭晚晴山更遠南塘春盡水爭流可能相別還相憶莫遣楊花笑白頭

過故人陳羽山居

向來攜酒共追攀此日看雲獨未還不見山中人半載依然松下屋三間峰攢仙境丹霞上水遶漁磯綠玉灣卻望夏洋懷二妙滿崖霜樹曉班班

贈慧上人

仙槎江口槎溪寺幾度停舟訪未能頗恨頻年爲遠客喜從異郡識高僧雲霞色曬禪房衲星月光涵古殿鐙何日卻飛眞錫返故人丘木翳寒藤

弔暢當

萬里江南一布衣早將佳句動京畿徒聞子敬遺琴在不見
相如駟馬歸朔雪恐迷新塚草秋風愁老故山薇玉堂知已
能銘述猶得精魂慰所依

寄劉禹錫

謝相園西石徑斜知君習隱暫爲家有時出郭行芳草長日
臨池看落花春去能忘詩共賦客來應是酒頻賒五年不見
西山色悵望浮雲隱落霞

寄孟東野

亂餘城郭怕經過到處閒門長薜蘿用世空悲聞道淺入山
偏喜識僧多醉歸花徑雲生履樵罷松巖雪滿蓑石上幽期
春又暮何時載酒聽高歌

贈徐山人

亂餘山水半凋殘江上逢君春正闌鍼自指南天㝊㝊星猶拱北夜漫漫漢陵帝子黃金盌晉代神仙白玉棺同首風塵千里外故園煙雨五峰寒

過賈誼舊居

楚鄉悲逕歎殊方鵩賦人非宅已荒謾有長書憂漢室空將哀些弔沅湘雨餘古井生秋草葉盡疎林見夕陽過客不須頻太息咸陽宮殿亦淒涼

宮詞

紫禁迢迢宮漏鳴夜深無語獨含情春風鸞鏡愁中影明月羊車夢裏聲塵暗玉階綦迹斷香飄金屋篆煙清貞心一任蛾眉妬買賦何須問馬卿

漢宮人入道

蕭蕭白髮出宮門，羽服星冠道意存。霄漢九重辭鳳闕，雲山何處訪桃源。瑶池醉月勞仙夢，玉輦乘春卻帝恩。回首吹蕭天上伴，上陽花落共誰言。

二靈寺守歲

守歲山房迥絶緣，鐙光香炧共蕭然。無人更獻椒花頌，有客同參柏子禪。已悟化城非樂界，不知今夕是何年。憂心悄悄渾忘寐，坐待扶桑日麗天。

暮春懷感二首

杜宇聲聲喚客愁，故園何處此登樓。落花飛絮成春夢，剩水殘山異昔遊。歌扇多情明月在，舞衣無緒綵雲收。東皇去後韶華盡，老圃寒香别有秋。

四十無聞嬾慢身，放情丘壑任天眞。悠悠往事杯中物，赫赫

時名扇外塵短策看雲松寺晚疏簾聽雨草堂春山花水鳥
皆知己百徧相過不厭貧

哭朱放

幾年湖海挹餘芳豈料蘭摧一夜霜人世空傳名耿耿泉臺
杳隔路茫茫碧窗月落琴聲斷華表雲深鶴夢長最是不堪
回首處九泉煙冷樹蒼蒼

五言絕句

贈李唐山人

此意靜無事閉門風景遲柳條將白髮相對共垂絲

留別顧明府

江南雨初歇山暗雲猶溼未可動歸橈前程風正急

題秦隱居麗句亭

北人歸欲盡猶自住蕭山閉戶不暫出詩名滿世間

三閭廟

沅湘流不盡屈子怨何深日暮秋風起蕭蕭楓樹林

送王司直

西塞雲山遠東風道路長人心勝潮水相送過潯陽

宿無可上人房

偶來人境外何處染囂塵儻許棲林下僧中老此身

山居

麋鹿自成羣何人到白雲山中無外事終日醉醺醺

口號

白髮千莖雪寒窗懶著書最憐吟苜蓿不及向桑榆

夜坐

夜靜河漢高獨坐庭前月忽起故園思動作經年別

隄上柳

垂柳萬條絲春來織別離行人攀折處閨妾斷腸時

遣興

明月臨滄海閒雲戀故山詩名滿天下終日掩柴關

贈張揮使

謫戍孤城小思家萬里遙漢廷求衞霍劍珮上青霄

偶成

野水連天碧峯巒入海青滄浪者誰子一曲醉中聽

畫蟬

飲露身何潔吟風韻更長斜陽千萬樹無處避螳螂

題天柱山圖

拔翠五雲中擎天不計功誰能淩絶頂看取日升東

松鶴

雨溼松陰涼風落松花細獨鶴愛清幽飛來不飛去

草堂一上人

一公持一鉢相復度遥岑地瘦無黄獨春來草更深

題黄司直園

爲憶去年梅淩寒特地來門前空臘盡渾未有花開

北山游亭

西崦水泠泠沿岡有游亭自從春長草遥見柢青青

七言絶句

對月答元明府

山下孤城月上遲相留一醉本無期明年此夕遊何處縱有

秋光知對誰

湘南卽事

盧橘花開楓葉衰出門何處望京師沅湘日夜東流去不爲愁人住少時

送呂少府

共醉流芳獨歸去故園高士日相親深山古路無楊柳折取桐花寄遠人

贈殷亮

日日河邊見水流傷春未已復悲秋山中舊宅無人住來往風塵共白頭

夏日登鶴巖偶成

天風吹我上層岡露灑長松六月涼願借老僧雙白鶴碧雲

深處共翺翔

題淨居寺

玉壺山下雲居寺，六百年來選佛場。滿地白雲關不住，石泉流出落花香。

昭君詞

漢家宮闕夢中歸，幾度氈房淚溼衣。惆悵不如邊雁影，秋風猶得向南飛。

織女詞

鳳梭停織鵲無音，夢憶仙郎夜夜心。難得相逢容易別，銀河爭似妾愁深。

塞上曲二首

軍門頻納受降書，一劍横行萬里餘。漢祖謾誇婁敬策，卻將

公主嫁單于

漢家旌幟滿陰山，不遣胡兒疋馬還。願得此身長報國，何須生入玉門關。

閨怨

看花無語淚如傾，多少春風怨別情。不識玉門關外照，夢中昨夜到邊城。

春怨

金鴨香消欲斷魂，梨花春雨掩重門。欲知別後相思意，回看羅衣積淚痕。

旅次寄湖南張郎中

閉門茅底偶爲鄰，北阮那憐南阮貧。卻是梅花無世態，隔牆分送一枝春。

題友人山居

四郭青山處處同客懷無計答秋風數家茅屋清溪上千樹蟬聲落日中

別鄭谷

朝陽齋前桃李樹手栽清蔭接比鄰明年此地看花發愁向東風憶故人

贈鶴林上人

日日澗邊尋茯苓巖扉常掩鳳山青歸來掛衲高林下自翦芭蕉寫佛經

題稚川山水

松下茅亭五月涼汀沙雲樹晚蒼蒼行人無限秋風思隔水青山似故鄉

過柳溪道院

溪上誰家掩竹扉鳥啼渾似惜春暉日斜深巷無人迹時見梨花片片飛

荔枝

紅顆真珠誠可愛白鬚太守亦何癡十年結子知誰在自向中庭種荔枝

憶原上人

一兩椶鞵八尺藤廣陵行徧又金陵不知竹雨竹風夜吟對秋山那寺鐙

閑思

伯勞東去鶴西還雲總無心亦度山何似嚴陵灘上客一竿長伴白鷗閒

蘭溪棹歌

涼月如眉掛柳灣越中山色鏡中看蘭溪三日桃花雨半夜鯉魚來上灘

蘇溪亭

蘇溪亭上草漫漫誰倚東風十二闌燕子不歸春事晚一汀晚雨杏花寒

戴叔倫詩集卷下終

丹徒陳裕菁校

右戴叔倫詩集二卷叔倫字幼公潤州人歷官至撫州刺史遷容管經略使唐書有傳嘉慶丹徒縣志據權德輿戴容州墓誌謂叔倫爲明寶七世孫（宋書恩倖傳明寶丹徒人）其爲丹徒土著無疑唐書云金壇人特以叔倫墓在金壇故耳然據唐梁肅所撰叔倫神道碑謂其先世當晉亂自譙徙丹徒厥邑既分遂爲金壇人（嘉定鎮江志云叔倫墓在金壇縣南三里翰林學士右補闕梁肅撰神道碑按碑今不存全唐文梁肅集亦無此文惟小辛戴氏宗譜載其全碑）則唐書之說殆無可疑今按叔倫一生來往風塵固不常厥居年逾弱冠即逢喪亂自京口奔迸寄家饒州者三十年見其送外生宋垓歸饒州詩是其放情邱壑多在東湖强仕以後轍迹所至又率在湖南江西至撫州謝病還後有題招隱寺詩過珥瀆單老詩其時始一歸丹徒金壇雖其詩於求田問舍感懷今昔皆情見乎詞然留居

未久又有容州之役旋卽歸全於淸遠其王事鞅掌不已於行讀其古意南山二詩故林隱居之樂竟奪於簪組亦論世尙友者之所悲也予於明徐獻忠唐百家詩中得叔倫詩二卷外有明活字本亦二卷次序與百家同以叔倫詩單行者僅見此本今依以付梓而據他本改其明誤者如春江獨釣詩何用濯滄浪何誤後過友人隱居詩淸溪流遠門流誤洸贈慧上人詩頗恨頻年爲遠客遠誤達贈徐山人詩回首風塵千里外外誤引哭朱放詩豈料蘭摧一夜霜摧誤權遺興詩終日掩柴關掩誤捲贈張揮使詩漢廷求衛霍漢誤漠畫蟬詩無處避螳螂避誤邂湖南郎事詩盧橘花開楓葉衰楓誤飄之類其闕字之處以百家本補之如孤鴻篇焉隨腐鼠欲欲字從軍行封侯屬何人何字邊城曲淸歌妙舞落花前舞落花前四字二靈寺守歲燈光香灺共蕭然灺字畫蟬無處避螳螂螳字並從百家補百家所無者以席啟寓唐詩百名家集補之如巫山高洄流遡逆將覆船遡字贈慧上人故人丘木翳寒藤丘字憶原上人一兩棕鞋八尺藤鞋字並從席補百名家所無者以全唐詩補之如江行聊復於時顧顧字邊城曲羈魂慘慘生

邊愁羈字並從全唐詩本補使皆可讀百家與活字本似同出一源而亦間有異文曾遊詩羣峰割玄嶠席同百家本割作豁全唐詩同白苧詞大家爲歡莫猶豫百家本猶豫作延佇全唐詩同遊少林寺詩石龕苔蘚積全唐詩同百家本苔作蒼席同北山涔亭詩題作涔詩第二句沿岡有遊亭又作遊二文互異疑遊字誤排當亦作涔百家本並作遊全唐詩同席二字皆闕文兩本之所據似各有所從出未能明之矣席氏百名家集殆不能外此二本如活字本邊城曲末句只有客青歌妙四字客字難明席本青上一字妙下三字並缺亦可爲出於活字本之證而校其異文如孤鴻篇奮志起高飛席作奮翅喜雨樵歌野曲中席作野田巫山高百丈那能牽席作那可送張南史賈生猶未達席作獨未除夜宿石頭驛題席作石橋廣陵送趙主簿自蜀歸遠省錦城來席作遠自晚望猶恐世間人席作世世間聞送鄭士元何年重過此席作重會宮詞貞心一任蛾眉妬席作眞心漢宮人入道題席無漢字暮春懷感題席作感懷題秦隱居麗句亭席作隱君之類爲數頗夥謂其果出於此亦難決也全唐詩於文

有殊異並標舉於注從軍行云明月關山悠悠下注一作愁女耕田行云疏通畦壠防亂苗苗下注一作田過賈誼宅云西風客薦蘋注一作薦客贈行腳僧云難違塵外蹤注違一作維又賦得古井送王明府注一本無賦得古井四字以此五事論之其所云一作一本者並與此活字本同然活字本送張南史云賈生猶未達全唐詩作獨未不云一作猶晚望云猶恐世間人全唐詩作間聞不云一作人送郎士元云何年重過此全唐詩作重會不云一作過過賈誼舊居云楚鄉悲濕歎殊方百家本與席本並作悲濕全唐詩作卑濕不云一作悲漢宮人入道題全唐詩無漢字注一作送不云一作漢題秦隱居麗句亭全唐詩作隱君不云一作居送王司直云人心勝潮水全唐詩作湖水不云一作潮北山洊亭題全唐詩作游亭

不云一作洊閨怨云不識玉門關外照全唐詩作外路不云一作照是異文爲全唐詩所遺者多至八九事豈當時館臣參稽衆本獨未見此活字本歟抑亦可寶貴矣此本詩百三十首與徐氏唐百家本同百家詩名爲翻宋本皆然王荆公唐百家詩選叔倫詩四十七首其不見於此本者至三十四首則此固未必果出自宋或亦宋時某氏一選本耳席本亦序與此同但多錄詩七十一首爲補遺一卷全唐詩錄叔倫詩至三百二首爲最多未知其所據本也歲在强圉大荒落秋八月二十三日癸未寒露前一日丹徒陳慶年跋

許丁卯詩真蹟録一卷

横山艸堂

許丁卯詩眞蹟録

目録

許丁卯詩眞蹟錄目錄終

許丁卯詩眞蹟錄

宋岳珂寶眞齋法書贊著錄

橫山草堂

唐許渾烏絲欄詩眞蹟

余丱歲業詩長不知難雖志有所尙而才無可觀大中三年守監察御史抱疾不任朝謁堅乞東歸明年少間端居多暇因編集新舊五百篇置于几案聊用自適非求知之志也時庚午歲三月十九日于丁卯澗村舍手寫此本內御史字係續添注

登凌歊臺一首臺在當塗縣北五里宋高祖所築

宋祖凌歊樂未迴三千歌舞宿層臺湘潭雲盡暮山出巴蜀雪消春水來行殿有基荒薺合寢園無主野棠開百年應作萬年計巖上古碑空綠苔

遂經驪山一首

聞說先皇醉碧桃日華浮動鬱金袍風隨玉輦笙歌迴雲捲珠簾劍佩高鳳駕北歸山寂寂龍旗西幸水滔滔貴妃殁後巡遊少瓦落宮牆見野蒿（內迴字元本係行書添補）

咸陽西門城樓晚眺一首

一上高城萬里愁蒹葭楊柳似汀洲溪雲初起日沈閣（南近磻溪西對慈福寺閣）山雨欲來風滿樓鳥下綠蕪秦苑夕蟬鳴黃葉漢宮秋行人莫問前朝事渭水寒聲晝夜流

送蕭處士歸緱氏別業一首

醉斜烏帽髮如絲曾看仙人一局棋賓館有魚爲客久鄉書無鴈到家遲緱山住近吹笙廟湘水行逢鼓瑟祠今夜月明何處宿九嶷雲盡綠參差（內鄉字元作家字注改山字元作氏字注改嶷字元作疑字從山添筆）

元日一首

高揭雞竿闢帝閽祥風微暖瑞雲屯千官共消奸臣迹萬國初銜聖主恩宮殿雪華齊紫閣關河春色到青門華夷一軌八方泰莫學論兵誤至尊

金陵懷古一首

玉樹歌愁王氣終景陽兵合畫樓空梧楸遠近千官塚禾黍高低六代宮石燕拂雲晴亦雨江豘吹浪夜還風英雄一去豪華盡惟有青山似洛中

南海府罷南康阻淺行侶稍稍登陸而遇宴餞至頻暮宿東谿一首（而遇二字元作至　而頻字係注改）

晴灘水落漲虛沙灘去秦吳萬里斜馬上折殘江北柳舟中開盡嶺南花離歌漸怨如留客鄉夢初驚似別家山鳥一聲

人未覺半牀春月在天涯

聞開江相國宋公下世二首

權門陰進奪移才騶騎如星墮峽來晁氏有恩忠作禍賈生無罪直為災貞魂誤向崇山殁冤氣疑從汨水迴畢竟功成何處是五湖雲月一帆開（內忠字元係中字從心係添筆）

月落清湘棹不喧玉盃瑤瑟奠蘋蘩誰令力制乘軒鶴自取機沈在檻猨位極乾坤三事貴謗興華夏一夫冤宵衣旰食明天子日伏青蒲不為言

題汴河亭一首

廣陵花盛帝東遊先劈洪河一派流百二禁兵辭象闕三千宮女下龍舟凝雲鼓震星辰動拂浪旂開日月浮四海義師歸有道迷樓何異景陽樓

登蒜山觀發軍一首

羽檄徵兵急輳門選將雄犬羊憂破竹貔虎極飛蓬定繫猖狂虜何煩釁鑠翁更探黄石略重振黑山功別馬嘶營柳驚烏散井桐低星連寶劍殘月護雕弓浪曉戈鋋裏山晴鼓角中甲開魚照水旗颺虎挐風去想金河遠行知玉塞空漢庭應有問師律在元戎

送前緱氏韋明府南遊一首

酒闌橫劍歌日暮望關河道直去官早家貧為客多山昏函谷雨木落洞庭波莫盡遠遊意故園荒薜蘿

題張司馬灞東郊園一首

楚翁秦塞住昔事李輕車白社貧思橘青門老仰瓜讀書三逕草沽酒一籬花更欲尋芝朮商山便寄家內李輕車三字元係添注

送張處士一首

醼罷眾賓散長歌攜一卮溪亭相送遠山郭獨歸遲風檻夕
雲散月軒寒露滋病來雙鬢白不是別離時

移攝太平寄前李明府一首

病移巖邑稱閒身何處風光貰酒頻溪柳遶門彭澤令野花
連洞武陵人嬌歌自注壺中日豔舞長留海上春早晚高臺
更同醉綠蘿如帳草如茵

晚自東郭迴留一二遊侶一首

鄉心迢遞宦情微吏散尋幽竟落暉林下草腥巢鷺宿洞前
雲溼雨龍歸鐘隨野艇迴孤棹鼓絕山城掩半扉今夜西齋
好風月一瓢春酒莫相違

陵陽春日寄汝洛舊遊一首

百年身世似飄蓬澤國移家疊嶂中萬頃碧波魚戀釣九重
青漢鶴愁籠西池水冷春巖雪南陌花香晚樹風縱倒芳樽
心不醉故人今在洛城東

將歸姑孰南樓餞送前李明府一首

無處登臨不繫情一憑春酒醉高城暫移羅綺見山色纔駐
管絃聞水聲花落西亭添別恨柳陰南浦促歸程前期迢遞
今宵月更倚朱欄待月明

宣城開元寺贈元孚上人二十韻一首

一鉢事南宗僧儀稱病容曹溪花裏別蕭寺竹前逢燭影深
寒殿經聲徹曙鐘欲齋簷睡鴿初定壁吟蛩詩繼休遺韻書
傳永逸蹤藝多人譽洽機絕道情濃汲澗鉼沈藻眠堦錫掛
松雲鳴新放鶴池臥舊降龍露茗山廚焙霜秔野碓舂梵文

明處譯禪衲暖時縫層塔題應徧飛軒步不慵繡梁交薜荔
畫井倒芙蓉翠戶垂旗網朱牕列劍鋒寒飆金磬響晴雪玉
樓重妙理三乘達清才萬象供山高橫睥睨灘淺聚艨艟微
靄蒼平楚殘暉淡遠峰林疎霜槭槭波靜月溶溶劍出因雷
煥琴全遇蔡邕西方如有社支許合相從

泛五雲溪一首

此溪何處路遙問白髯翁佛廟千巖裏人家一島中魚傾荷
葉露蟬噪柳林風急瀨鳴車軸微波漾釣筒石苔縈棹綠山
果拂舟紅更就前村宿村橋與剡通

津亭送張崔二侍御散北歸一首

愛樹滿西津津亭墮泪頻素車應度洛珠履更歸秦水接三
湘暮山通五嶺春傷離與懷舊明日白頭人

韶州送竇司直北歸一首
江曲山如畫貪程亦駐舟果隨巖狖落槎帶水禽流客散他
鄉夜人歸故國秋樽前掛帆去風雨在西樓
再遊越中傷朱慶餘協律好直上人一首
昔年湖上客留訪雪山翁王氏船猶在蕭家寺已空月高花
有露煙合水無風處處多遺韻何情入剡中
寄題商山王隱士居一首
近逢商洛客知爾住南塘草閣平春水柴門掩夕陽隨蜂收
野蜜尋麝採生香更憶前年醉松花滿石牀
留贈偃師主人一首
孤城漏未殘徒侶拂征鞍洛北去愁遠淮南歸夢闌曉燈迴
壁暗晴雪捲簾寒强盡主人酒出門行路難

和祠部楊員外以僕射楊公拜官致仕舊府賓僚及禮部楊侍郎同年門生先輩合醼申賀座中飲後書事一首

龍闕公卿拜後塵手持優詔掛朱輪從軍幕下三千客聞禮庭中七十人錦帳麗詞推北巷畫堂清樂掩南鄰豈同王謝山陰會空序流盃醉暮春（序字係添注）

秋日候朝一首

宵衣應待絕更籌環珮珊珊月下樓井轉轆轤千樹曉鑰開閶闔萬山秋龍旂盡列趨金殿雉扇纔分拜玉旒虛戴鐵冠無一事滄江歸去老漁舟（內轤字元係添注）

經李侯殿中舊宅一首

歸作儒翁出致君北山誰復有移文漢庭使氣摧張禹楚國懷憂送范雲楓葉暗時迷舊宅茅花高處認荒墳朱絃一奏

沈湘怨風起寒波日欲曛（内起寒二字元作寒起係乙轉）

題靈山寺行堅師院一首

西巖一逕不通樵八十持盂未覺遥龍在石潭聞夜雨鴈移沙渚見秋潮逕涵霧溼文多暗香印風吹字半消應笑南來又東去越山無路水迢迢

嘗與故宋補闕次都秋夕遊永泰寺後湖今復登賞愴然有感一首

西風渺渺月連天同醉蘭舟未十年鵬鳥賦成人已歿嘉魚詩在世空傳榮枯盡寄浮雲外哀樂猶驚逝水前日暮長堤更迴首一聲鄰笛舊山川

京口閒居寄兩都親友一首

吳門煙月昔同遊楓葉蘆花並客舟聚散有期雲北去浮沈

無計水東流一樽酒盡青山暮千里書迴碧樹秋何處相思
不相見鳳城宮闕楚江樓

臥疾一首

寒窗燈盡月斜暉珮馬朝天獨掩扉清露已凋秦塞柳白雲
應長越山薇病中送客難爲別夢裏還家不當歸惟有寄書
書未得臥聞燕鴈向南飛

山行至雙巖溪訪元隱居隱居已榜舟詣開元寺水閣見送
棹迴已暮因贈一首

犬吠雙巖碧樹間主人朝出半開關湯師閣上留書別杜叟
橋邊載酒還櫟塢炭煙晴過嶺蓼村漁火夜移灣故鄉蕪沒
兵戈後憑向溪南買一山

與韓鄭二秀才同舟東下洛中親朋送至景雲寺一首

三十六峯同一川綠陂無路草芊芊牛羊晚食鋪平地鵾鶴
晴飛摩遠天洛客盡迴臨水寺楚人皆逐下江船東西未有
相逢日更把繁花共醉眠

冬日登越王臺懷歸一首

月沈高岫宿雲開萬里歸心獨上來河畔雪飛揚子宅海邊
花盛越王臺瀧分桂嶺魚難過瘴近衡峰鴈卻迴鄉信漸稀
人漸老只應頻醉北枝梅

將赴京師津亭別蕭處士二首（士字元係添注）

樽前萬里愁楚塞與皇州雲試瀟湘雨風知鄠杜秋潮平仍
倚棹月上更登樓他日滄浪水漁歌更白頭

津亭多別離楊柳半無枝住接猿嗁處行逢鴈過時江風颺
帆急山月下樓遲還就西齋寢煙波勞夢思

經馬鎮西宅一首
將軍久已歿行客自興哀功業山長在繁華水不迴亂芹侵
廢井荒菊上崩臺惟見軍中卒朝朝戲馬來
早發壽安濟永濟渡一首
東西車馬塵鞏洛與咸秦山月夜行客水煙朝渡人樹涼風
浩浩灘淺石磷磷會待功名就扁舟寄此身
寓居崇聖寺送客南歸一首
野寺薜蘿晚官渠楊柳春歸心已無限更送洞庭人
聞歌一首
新秋絃管清時轉遏雲聲曲盡不知處月高風滿城
塞下一首
夜戰桑乾雪秦兵半不歸朝來有鄉信猶自寄征衣

晨裝一首
帶月飯行侶西遊關塞長晨鷄鳴遠戍宿鴈起寒塘雲卷四
山雪風凝千樹霜誰家歌舞散沈醉臥蘭堂
早別脩然上人一首
吳僧誦經罷敗衲倚蒲團鐘韻花猶斂樓陰月向殘晴山開
殿響秋水捲簾寒獨恨孤舟去千灘復萬灘
早秋一首
遥夜泛清瑟西風生翠羅殘螢委玉露早鴈拂銀河萬樹曉
猶密遠山晴更多淮南一葉下自覺老煙波
凌歊臺送韋秀才一首
雲起層臺日未沈數村殘照半巖陰野蠶成繭桑柘盡溪鳥
引雛蒲稗深帆勢依依投極浦鐘聲杳杳隔前林故山迢遞

故人去一夜月明千里心

送嶺南盧判官罷職歸華陰別墅一首

曾事劉琨雁塞空十年書劍任飄蓬東堂舊屈移山志南國
新留煮海功還掛一帆青草上更開三逕碧蓮中關西親友
如相問已許滄浪伴釣翁

贈蕭兵曹先輩一首

廣陵隄上昔離居帆轉湘南萬里餘楚澤病時無鵩鳥越江
歸處有鱸魚潮生水國蒹葭響雨過山村橘柚疎聞道攜琴
還載酒臨卭休羨馬相如

南海府罷歸京口郊居途經大庾縣留贈張明府一首

樓船旌旆極天涯一劍從軍兩鬢華迴日眼明河畔柳去時
腸斷嶺頭花陶詩盡寫行過縣張賦初成夢到家官滿知君

有歸處吳王臺殿舊煙霞

村舍二首

自剪青莎織雨衣村南煙火是柴扉萊妻早報蒸藜熟通子遥迎種豆歸魚下碧潭當鏡躍鳥還青嶂拂屏飛花時未免人來往欲買嚴光舊釣磯

尙平多累自休難一日深居一日安山路有雲收獵網水亭無月掛漁竿花間酒氣春風遠竹裏溪聲夜雨寒三頃湖田秋更熟北窗誰拂舊塵冠

將渡固城湖阻風夜泊水陽戍一首

行盡淸溪日已暮雲容山影水嵯峨樽前歸客怨秋夢樓上美人凝夜歌獨樹高高風勢急平湖渺渺月明多終期一艇載樵去來往使帆凌白波內往字係行書于欄外添注

故洛城一首

黍稷離離半野蒿昔人城此豈知勞水聲東去市朝變山勢北來宮殿高鴉噪暮雲歸古堞鴈迷寒雨下空濠可憐緱嶺登仙子猶自吹笙醉碧桃

題四皓廟一首

桂花松暖廟門開獨瀉椒漿奠一盃秦法欲興鴻已去漢儲將廢鳳還來紫芝翳翳多青草白石蒼蒼半綠苔山下驛塵南竄路不知冠蓋幾人迴（內秦字元作漢字不成注改）

出關一首

朝纓初解佐江濆麋鹿心知自有羣漢囿獵稀慵獻賦楚山耕早任移文臥歸漁浦月連海行沒塵埃花隔雲關吏不須迎馬笑去時無意學終軍

送從兄別駕歸蜀一首從兄彥昭與桂陽令韋伯達貞元中俱爲千牛伯達官至楚王長史亦以藝文自任長慶初非罪受讒前年會赦復故秩詔未及而身巳歿從兄自蜀而南發旅櫬歸葬灞上既而西還因抒十韻睨別

聞與湘南令童年侍玉墀家畱秦塞曲官謫瘴溪湄道直奸臣屏冤深聖主知逝川東去疾霈澤北來遲靑漢龍髯絕蒼山馬鬣移風淒聞笛處月慘罷琴時客路黃公廟鄉關白帝祠已稱鸚鵡賦寧誦鶺鴒詩遠道書難達長亭酒重持當憑蜀江水萬里寄相思內塞字鵡字係添注鬣字誦字係筆誤修改

自洛東蘭若夜歸一首

一衲老禪牀吾生半異鄉管絃愁裏醉書劍夢中忙鳥急山初瞑蟬稀樹正涼又歸何處去塵路月蒼蒼

行次潼關驛一首

紅葉晚蕭蕭長亭酒一瓢殘雲歸太華疎雨過中條樹色隨關迴河聲入海遙帝鄉明日到猶自夢漁樵內殘雲疎雨聯元作遠帆春水闊高寺夕陽條內陽字易字不成上有補綃已不存其筆畫猶隱然在紙上云

別韋處士一首

南北斷蓬飛別多相見稀更傷今日酒未換昔年衣舊友幾人在故鄉何處歸秦原向西路雲晚雪霏霏

奉陪少師相國李公賓客相國李公宴居守僕射狄公池亭一首

池色似三湘仙舟日正長燕飛驚蛺蝶魚躍動鴛鴦雲聚歌初轉風迴舞欲翔暖醅松葉嫩寒粥杏花香羅綺留春意笙竽送晚光何須明月夜紅燭在華堂

瞑投靈智寺渡溪不得緣江路一首

雙巖瀉一川迴馬斷橋前古廟陰風地寒鐘暮雨天沙虛留
虎跡水滑帶龍涎卻下臨江路潮深無渡船
遊譙山新興寺宿石屏村謝叟家一首
晩過石屏村村長日易曛僧歸下嶺見人語隔江聞谷響寒
耕雪山明夜燒雲家家叩銅鼓欲賽魯將軍村有魯肅廟
始至潼關一首
飛閣架層臺終童此路迴山形朝岳去河勢抱關來鴈過秋
風急鷄鳴宿霧開平生無限意驅馬任塵埃內岳字元係修改
湯處士返初後卜居曲江一首
鴈門歸去遠垂老脫袈裟蕭寺休爲客曹溪便寄家綠琪千
歲葉黃槿四時花別怨應無限門前桂水斜
發靈溪館一首

山多水不窮一葉似漁翁鳥浴寒潭雨猨吟暮嶺風雜英垂錦繡衆籟合絲桐應有桃溪路千巖萬壑中

放猨一首

殷勤解金鏁昨夜雨淒淒山淺懷巫峽水寒思建溪遠尋紅樹宿深向白雲嗁便覓南歸路煙叢莫自迷

下第別楊至之一首

花落水潺潺十年離舊山夜愁添白髮春泪減朱顏孤劍北遊塞遠書東出關逢君話心曲一醉灞陵閒

與羣公醼南亭一首

秋來水亭上幾處似巖扃細鳥翻紅藥遊龜帶綠萍管絃心戚戚羅綺鬢星星此樂非吾事西齋尚有螢

孟夏有懷一首

緑樹蔭青苔柴門臨水開罇涼初熟麥枕潤乍經梅魚躍海風起鼉鳴江雨來佳期今已晚日夕上高臺

題聖女祠一首

停車一卮酒涼葉下陰風龍氣石脉溼鳥聲山廟空長眉畱桂緑丹臉寄蓮紅莫學陽臺伴朝雲暮雨中

蒙賓客相國李公見示和宣武盧尚書以吏部高尚書自江南赴闕旣大梨重以將雛白鵰因贈五言六韻之什輒敢獻和一首（内自江南赴闕五字元係添注）

巨寶珍吳果馴雛重越禽摘來漁浦上攜在兎園陰霜谷凝丹頰風枝斂素襟刀分瓊液散籠掩雪華深虎帳齋中詠龍樓洛下吟含消兼受彩應貴冢卿心

歲暮自廣江至新興往復道中畱題峽山寺四首

夜醉晨方醒孤吟乍失羣海鰌潮上見江鴿霧中聞未臘桃先實經冬草自薰樹隨山崦合泉到石棱分虎帳空林雨猨聲絕嶺雲蕭蕭異鄉鬢明日共絲棼

薄暮緣西峽停橈一訪僧鷺巢横臥柳猨飲倒垂籐水曲巖千疊雲重樹百層山風寒殿磬溪雨夜船燈灘漲危槎沒泉衝怪石崩中臺一襟淚歲杪別艮朋

密樹分蒼壁長溪抱碧岑海風聞鶴遠潭日見魚深松蓋環清韻榕根架綠陰南方有大葉榕樹横枝危者輒生根垂入地如柱大者合抱洞丁多斲石蠻女半掬金端州斲石浛洭掏金為業南浦鷺春至西樓送月沈江流不過嶺何處寄歸心內容字元係榕字修改

月在行人起千峯復萬峯海虛爭翡翠溪邏鬭芙蓉南方呼市為虛呼戍為邏新州有翡翠虛芙蓉邏古木花生斛陰池滿種松木斛花生于他樹槎枿池沼多

種松謂之水松松根即抱木也火探深洞燕香送遠潭龍南方人持火于乳洞中捕燕食之康州悅城縣有媪龍肰如蛇常迎送舟檝或千里之外人多以金帛香火送之藍塢寒先燒禾堂晚併春種藍多在塢中冬燒其地人以木槽舂米謂之禾堂也暝投何處宿西峽隔雲鐘內花字元作古改作高又注作花

題湖州韋長史山居一首即皎然舊宅

一官惟買晝公堂俱得身閒日自長琴曲少聲重勘譜藥丸多忌更尋方溪浮箬葉添醅綠泉遶松根助茗香明日鱖魚何處釣門前春水下滄浪

過鮑溶宅有感一首

寥落故人宅重來身已亡古苔殘壘沼深竹舊書堂秋色館池靜雨聲雲木涼無因展交道日暮倍心傷

寄兄弟一首

江城紅葉盡旅思倍淒涼孤夢家山遠獨眠秋夜長道存空
倚命身賤未歸鄉南望仍垂淚天邊鴈一行

秋日一首

有計自安業秋風罷遠吟買山惟種竹對客更彈琴煙起藥
廚晚杵聲松院深閒眠得眞性惆悵舊時心

卜居招書侶一首

憶昨未知道臨川每羨魚世途行處見人事病來疎微雨秋
栽竹孤燈夜讀書憐君亦同志晚歲傍山居

西山草堂一首

何處少人事西峯舊草堂曬書秋日晚洗藥石泉香後嶺有
微雨北窗生夜涼徒勞問歸路峯疊遶家鄉

貽隱者一首

迴報隱名士莫憂山與闌求人顏色盡知道性情寬信譜彈琴誤緣崖斸藥難東皋亦自給殊愧遠相安

竹林寺與李德玄別一首

騷人吟罷起鄉愁暗覺年光似水流花滿楚城傷遠別蟬鳴蕭寺喜同遊前山日落杉松晚深夜風清枕席秋明日分襟又何處江南江北路悠悠

送武全通處士歸章洪山一首

形影無辜消息沈登聞三擊血霑襟皇綱一日開冤氣青史千年重壯心卻望烏臺春樹老獨歸蝸舍暮雲深他時縱有徵書去雪滿空山不可尋

題義女亭一首

身殁蘭閨道自明郭南尋得舊池亭詩人愁立暮山碧賈客

怨離春草青四座月沈疑掩鏡兩簷花動悟收屏至今鄉裏風猶在借問誰家義女銘

寄殷堯藩先輩一首

十載聞名翰墨林爲從知己信浮沈青山有雪諳松性碧落無雲稱鶴心帶月獨歸蕭寺遠翫花頻醉庾樓深尋思一見如瓊樹空把新詩盡日吟

吳門送振武李從事一首

晚促離筵醉玉缸伊州一曲淚雙雙欲攜刀筆從新幕更宿煙霞別舊窗胡馬近秋侵紫塞吳帆乘月下清江嫖姚若使傳書檄坐築三城看受降

夜泊松江渡寄友人一首

清露白雲明月天與君齊棹木蘭船南湖風雨一相失夜泊

橫塘心渺然內蘭字元作欄塗去木字添卄

送人歸吳興一首

綠水棹雲月洞庭歸路長春橋懸酒幔夜柵集茶檣箬葉沈

溪暖蘋花遠郭香應逢柳太守爲說過瀟湘

月夜期友人不至一首

坐待故人宿月華清欲秋管絃誰處醉池閣此時愁風過渚

荷動露含山桂幽孤吟不可曙昨夜更登樓

寄袁校書一首

擾擾換時節舊山琪樹陰猶乖青漢志空負白雲心廣陌塵

埃遠重門管吹深勞歌極西望未省有知音內極西二字元係西望字粉塗重改

征西舊卒一首

少年乘勇氣百戰過烏孫力盡邊城難功添上將恩曉風聽
戍角殘日倚營門自說輕生處金瘡有舊痕
王秀才自越見尋不遇題詩而迴因以酬寄一首
南齋知數宿半爲木蘭開晴閣留詩徧春帆載酒迴煙深揚
子宅雲斷越王臺自有孤舟興無妨更一來
送客歸蘭谿一首
花下送歸客路長應過秋暮隨江鳥宿寒共嶺猨愁衆水喧
嚴瀨羣峯抱沈樓因君幾南望曾向此中遊
贈王處士一首
歸臥養天眞鹿裘烏角巾茂陵閒久病彭澤醉長貧冠蓋西
園夜笙歌北里春誰憐清渭北又老釣魚人
送張厚浙東謁丁常侍一首

涼露清蟬柳陌空故人遥指淛江東青山有雪松當澗碧落
無雲鶴出籠齊唱離歌愁曉月獨看征棹怨秋風定知洛下
聲名士共説膺門得孔融

宿松江驛卻寄蘇州一二同志一首

候館人稀夜更長姑蘇城遠路蒼蒼江湖潮落高樓迥河漢
秋歸廣簟涼月轉碧梧移鵲影露低紅草溼螢光名園詩侶
應多思暮醉笙歌掩畫堂

寄雲際寺子敬上人一首

萬山秋雨水縈迴紅葉多從紫閣來雲冷竹齋禪衲薄已應
飛錫過天台

遊楞伽寺一首

晚煙秋寺泛潮來水浸城根古堞摧盡日傷心人不見石楠

花滿舊歌臺

送薛洪秀才南遊訪山習業一首

姑蘇城外柳初凋同上江樓更寂寥繞壁舊詩塵漠漠對窗寒竹雨蕭蕭憐君別路隨秋鴈盡我離觴任晚潮從此草玄應有處白雲青嶂一相招

夜歸孤山寺卻寄上盧郎一首

青雲有志路猶賒心在琴書似憶家醉別庾樓山色晚夜歸蕭寺月光斜落帆露溼迴塘柳開院風驚滿地花他日此身須報德莫言空愛舊煙霞

贈桐廬房明府先輩一首

帝城春牓謫雲仙四海聲華二十年闕下書功無後輩卷中文字掩前賢官成每喜江山靜道在寧憂雨露偏自笑小儒

非一鶚亦趨門屏冀相憐

贈裴處士一首

爲儒白髮生鄉里早聞名暖酒雪初下讀書山未明字形翻

鳥跡詩調合猨聲門外滄浪水知君欲濯纓

石池一首

通竹引泉脈泓澄深室盆驚魚翻藻葉浴鳥上松根殘日留

山影高風耗水痕誰家洗秋藥來往自開門

送蘇協律從事振武一首

琴樽詩思勞更欲學龍韜王粲暫投筆呂虔初佩刀夜吟關

月苦秋望塞雲高去去從軍樂鵰飛代馬豪

懷政禪師院一首

山齋路幾層敗衲學真乘寒暑移雙樹光陰盡一燈風飄高

竹雪泉漲小池冰莫訝頻來此修身欲到僧

送荔浦蔣明府赴任一首

路長春欲盡歌怨酒初酣白社蓮塘北青袍桂水南驛行盤馬道船宿避龍潭眞得詩人趣煙霞處處諳

秋夕有懷一首

念遠坐西閣華池涵月涼書迴秋欲盡酒醒夜初長露白蓮衣淺風淸蕙帶香前年此佳境蘭棹醉橫塘

秋霽寄遠一首

初霽獨登賞西樓多遠風橫煙秋水上疎雨夕陽中高樹下山鳥平蕪飛草蟲惟應待明月千里共君同

經故行宮一首

臺閣參差倚太陽年年花發滿山香重門勘鏁青春晚深殿

垂簾白日長草色芊眠侵御路泉聲嗚咽遶宮牆先皇一去
無迴駕紅粉雲鬟空斷腸

宣州開元寺贈惟直上人一首

曾與徑山爲小師十年僧行衆人知夜深月色當禪處齋後
鐘聲到講時經雨綠苔侵古畫過秋紅葉落新詩勸君莫厭
江城客雖在風塵別有期

秋晚懷茅山石涵村舍一首

十畝山田近石涵石涵風俗舊曾諳簷前白艾驚春燕籬上
青桑待晚蠶雲暖採茶來嶺北月明沽酒過溪南陵陽秋盡
多歸思紅樹蕭蕭覆碧潭

送令閑上人一首

近日高僧更有誰宛林山下遇閑師東林共許三乘學南國

爭傳五字詩初到庾樓紅葉墜夜眠蕭寺碧雲隨秋江莫惜題佳句正是磷磷見底時

送上元王明府之任一首

莫言名重懶驅雞六代江山碧海西日照蒹葭明楚塞煙分楊柳見隋隄荒城樹接沈書浦舊宅花連罨畫溪官滿定應歸未得九重霄漢有丹梯

東遊留別李業秀才一首

煩君沽酒强登樓罷唱離歌說遠遊文字豈勞諸子重風塵何幸故人憂一程山路長侵夜十里家書動隔秋起凭欄干各垂淚又驅羸馬向東州

客有卜居不遂薄遊汧隴者因題絕句一首

海燕西飛白日斜天門遙望五侯家樓門深鎖無人到落盡

春風第一花
送鄭寂上人南遊一首
儒家有釋子年小學支公心出是非外跡辭榮辱中錫寒秦
嶺月孟急楚江風惟恐故園思山秋梨葉紅
雪上宴別一首
山斷水茫茫洛人西路長笙歌留遠棹風雨寄華堂紅壁耿
秋燭翠簾凝曉香誰堪從此去雲樹滿陵陽
留題李侍御宅一首
曾話平生志書齋幾見留道孤心易感恩重力難酬獨立千
峯晚頻來一葉秋雞鳴應有處不學淚空流
行次白沙館先寄上河南王侍郎一首
夜程何處宿山疊樹層層孤館閒秋雨空堂停曙燈歌慙漁

浦客詩學鴈門僧此志無人識明朝見李膺

重哭楊攀處士二首自號爲綠雲翁

綠雲多學古黃髮竟無成酒縱山中性詩留海上名讀書新
樹老垂釣舊磯平今日悲前事西風聞哭聲

從官任直道幾處脫長裾歿後兒猶小葬來人漸疎鄰翁占
秕館長吏覓圖書身賤難相報平生恨有餘

茅山題徐校書隱居一首

深居四十年語舊淚潺潺官滿春辭省兵來夜出關思隨江
鶴遠心寄海鷗閒莫訝頻相訪前峯似故山

題倪處士舊居一首

儒翁九十餘舊向北村居生寄一壺酒死留千卷書欄摧新
竹少池淺故蓮疎但有子孫在帶經還荷鋤

南鄰樊明府久不還家因題林亭一首
湘南官罷不歸來高閣經年掩緑苔魚溢池塘秋雨過烏還
洲島暮潮迴階前石隱棊終局窗外山寒酒滿盃借問先生
獨何處遶籬疎菊又花開
下第貽友人一首
身在關西家洞庭夜寒歌苦獨熒熒人心高下月中桂客思
往來波上萍馬氏識君眉最白阮公留我眼長青花前失意
共寥落莫遣東風吹酒醒
送楊發東歸一首
江花半落燕雛飛同客長安今獨歸一紙鄉書報兄弟還家
羞著半時衣
貴遊一首

朝迴珮馬草萋萋年少恩深衛霍齊斧鉞舊威龍塞北池臺
新賜鳳城西門通碧樹開金鏁樓對青山倚玉梯南陌行人
盡迴首笙歌一曲暮雲低

宿咸宜觀一首

羽袖飄飄杳夜風翠幢歸殿玉壇空步虛聲盡天未曉露壓
桃花月滿宮

紫藤一首

綠蔓穠陰紫袖低客來留坐小堂西醉中掩瑟無人會家近
江南罨畫溪

越中一首

石城花暖鷓鴣飛征客春帆秋不歸猶自保郎心似石綾梭
夜夜織寒衣

春日題韋曲席野老所居二首

背嶺枕南塘數家村落長鶯啼中婦懶蠶出小姑忙煙草近

溝溼風花臨路香自憐非楚客春望亦心傷

遶舍徧桑麻村南第一家林繁樹勢直溪轉水紋斜竹院晝

看筍藥欄春賣花故園歸未得到此是生涯

聞范秀才自蜀遊江湘一首

蜀道下湘渚客帆應不迷江分三峽響山並九疑齊秋泊鴈

初宿夜吟猿正啼歸時愼行李莫到石城西

綠蘿一首

綠蘿縈數里本在草堂間秋色寄高樹晝陰籠近山移花疎

處過斸藥困時攀日暮微風起難尋舊逕還

晩泊七里灘一首

天晚日沈沈歸舟繫柳陰江村平見寺山郭遠聞碪樹密猿聲響波澄鴈影深榮華暫時事誰識子陵心

子陵釣臺貽行侶一首

故人天下定垂釣碧巖幽舊跡隨臺古高名寄水流鳥喧羣木晚蟬急眾山秋更待新安月憑君暫駐舟

江上喜洛中友人繼至一首

戰馬兩河道風驚嵩少塵全家南渡遠舊友北來頻罷酒松桂晚賦詩蘭杜春何言今夜月同是洛陽人

宿東橫山瀨一首

孤舟路漸賒時見碧桃華溪雨灘聲急巖風樹勢斜獮猴懸弱蔓鸂鶒睡橫槎漫向山林宿無人識阮家

貽遷客一首

無機還得罪直道不傷情微雨昏山色疎籠閉鶴聲閒居多
野客高枕見江城門外長溪水憐君又濯纓

題韋山人山居一首

斸藥去還歸家人半掩扉山風藤子落溪雨豆花肥寺遠僧
來少橋危客過稀不聞砧杵動應解製荷衣

再寄殷堯藩一首

直道知難用經年釣水濱宅從栽竹貴家爲買書貧就學多
名客登朝盡故人蓬萊自有路莫羨武陵春

陵陽送客一首

南樓送郢客西郭望荆門鳧鵠下寒渚牛羊歸遠村蘭舟倚
行棹桂酒掩餘樽重此一留宿前汀煙水昏

途經李翰林墓一首

氣遯何人識才高舉世疑爾生狂善賦陶令醉能詩碧水鱸魚思青山鵩鳥悲至今孤塚在荆棘楚江湄

錢唐青山李隱居西齋一首

小隱西亭爲客開翠蘿深處徧青苔林間掃石安棊局巖下分泉遞酒盃蘭葉露光秋月上蘆花風起夜潮來雲山遶屋猶嫌淺欲棹漁舟近釣臺

與鄭秀才叔姪會送楊秀才昆仲東歸一首

書劍功遲白髮新異鄉仍送故鄉人阮公留客竹林晚田氏到家荆樹春雪盡塞鴻南翥少風來胡馬北嘶頻洞庭煙月如終老誰是長楊諫獵臣

贈桐江隱者一首

潮去潮來洲渚春山花如繡草如茵嚴陵臺下桐江水解釣

鱸魚能幾人

送宋處士一首

賣藥修琴歸去遲山風吹盡桂花時世間甲子須臾事逢著

仙人莫看棊

陳宮怨一首

風暖江城白日遲昔人遺事後人悲草生宮闕國無主玉樹

後庭花爲誰

題旌儒廟一首

寒柏陰風萬古悲儒冠相枕死秦時廟前亦有商山路不學

老翁歌紫芝

謝亭送客一首

勞歌一曲解行舟紅樹青山水急流日暮酒醒人已遠滿天

風雨下西樓

南遊泊松江驛一首

漠漠故宮地月涼風露幽雞鳴荒戍曉鴈過古城秋楊柳北歸路蒹葭南渡舟去鄉今已遠更上望京樓

松江懷古一首

故人今何在扁舟竟不歸雨餘山漠漠江闊樹依依暮色千帆落秋聲一鴈飛此時兼送別憑檻欲霑衣

孤鴈一首

昔年雙頡頏池上靄春暉霄漢力猶怯稻粱心已違蘆洲寒獨宿榆塞夜孤飛不及巢簷燕西風相逐歸

題李元之幽居一首

宅前雲水滿高興一書生垂釣有深意望山多遠情夜棊留

客宿春酒勸僧傾未作千時計何人記姓名

長興里夏日寄南鄰避暑一首

侯家大道傍蟬噪樹蒼蒼開鏁洞門遠卷簾高館涼欄圍紅

藥盛架引綠蘿長永日一欹枕故山雲水鄉

天街曉望一首

曉星低未央蓮闕迥蒼蒼疊鼓送殘月疎鍾迎早霜關河浮

瑞氣宮館耀神光再拜爲君壽南山高且長

早春懷江南一首

雲月有歸處故山清洛南如何一花發春夢徧江潭

送友人自荆襄歸江東一首 時友人新喪偶

商洛轉江濆一盃聊慰君劍愁龍失伴琴怨鶴離羣楚驛枕

秋水湘帆凌暮雲猿聲腸斷夜應向雨中聞

洞靈觀冬青一首
霜霰不凋色兩株交石壇未秋紅實淺經夏綠陰寒露重蟬
鳴急風多鳥宿難何如西禁柳晴舞玉欄干
送客南歸有懷一首
綠水暖青蘋湘潭萬里春瓦樽迎海客銅鼓賽江神避雨沿
楓岸看雲渡柳津長安一盃酒座上有歸人
送太昱禪師一首
禪牀深竹裏心與徑山期結社多高客登壇盡小師早秋歸
寺遠新雨上灘遲別後江雲碧南齋一首詩
長安旅懷一首
久客怨良夜西風吹鴈聲雲移河色淺月泛露華清掩瑟獨
凝思緩歌空寄情門前有歸路迢遞洛陽城

春望一首

南樓春一望雲水共昏昏野店歸山路危橋帶郭村晴煙和草色夜雨漲溪痕下岸誰家住殘陽半掩門

酬杜補闕初春雨中舟次横江喜裴郎中相迎兼見寄之什一首

江館維舟爲庾公暖波微綠雨濛濛紅檣迤邐春巖下朱旆聯翩曉樹中柳滴圓紋生細浪梅含香艷吹輕風郢歌莫問青山吏魚在深池鳥在籠

題衞將軍廟一首 并序

將軍名逖陽羨人少習詩書仍學劍有武略二十七遊并汾聞神堯皇帝始揭義旗逖進備行列洎擒竇建德逖持挾槍劍前突後翼太宗顧而多之天下既定第其功拜將軍宿衞

以母老且病乞歸侍殘年辭旨哀激詔許之既而以孝敬睦閨門以然信居鄉里及卒邑人懷之廟于荆溪之湄以平生弓甲懸東西廡下歲時祠祭焉或云頗福其土邑文士王敖撰碑詞實詳備惜乎國史闕載其功因題詩于廟壁

武牢關下護龍旂挾槊彎弧馬上飛漢業未興王霸在秦軍纔散魯連歸墳穿大澤埋金劍廟枕長溪掛鐵衣欲弔忠魂何處問葦花楓葉雨霏霏

送前東陽于明府由鄂渚歸故林一首

結束征車換黑貂灞西風雨正蕭蕭茂陵久病書千卷彭澤先歸酒一瓢帆背夕陽溢水闊棹經秋月甑山遥殷勤為謝南谿侶白首螢窗未見招內溢字元作秋字注改

泛溪迴寄道元上人一首

南郭煙光異世間碧桃紅杏水潺潺猿來近嶺獼猴散魚下深潭翡翠閒猶阻晚風停桂檝欲乘春月訪松關幾回策杖終南去洞口雲歸不見山

留別裴秀才一首

三獻無功玉有瑕更攜書劍客天涯孤帆夜別瀟湘雨廣陌春期鄠杜花燈照水螢千點滅棹驚灘鴈一行斜關河迢遞秋風急望見鄉山不到家

傷虞將軍一首

白首將軍未有名近將孤劍到江城巴童戍久能番語胡馬調多解漢行對雪夜窮黃石略望雲秋計黑山程可知生死家猶遠汴水東流無哭聲

李定言自殿院銜命歸闕拜員外郎俄遷右史因寄一首

白筆南征變二毛越山愁瘴海驚濤纔歸龍尾含鷄舌更立螭頭運兎毫閶闔欲開宮漏盡冕旒初坐御香高吳中舊侶君先貴曾憶王祥與佩刀

右唐郢州刺史許渾所書烏絲欄詩一百七十一篇眞蹟分上下凡二卷織組閒錯辭格華古筆妙爛然見爲三絕渾本丹陽人居丁卯潤予再仕是邦每過其舊居遐攬雲山慨想淸致未嘗不過車而式也安陽劉涇巨濟故與寶晉同時博雅尙古詩藏其家蓋與太沖序俱在祕笈第一物之數嘗翦一幅易與杜介又一幅在駙馬都尉王詵第書史具焉字法栁而不俗信乎其確論也予家舊傳幅絹帖知其爲晚唐詩嘉定癸未歲客有自中都擕來者始見首卷制作脗合序著五百餘篇合兩者纔得六十五首冥

搜踰年復得後一卷略計所存未及半豈猶有待耶然書史謂涇所藏止百篇又豈未盡覩耶度王杜之所分蓄固已具是矣劍津再合已焕龍文珠浦復還益彰蠙貢兩卷皆印紹興御璽又有一半印蓋唐詩之存而帝璽之信莫此若者

贊曰玉笈詩府旌陽仙驂鸞翳鳳珊瑚鞭羽裳雲錦朝帝垣天風戛佩披琅玕瑤階十二琪樹連珠暉璧魄環非煙手挼碧蘂丹葩鮮崑閬七七爭芳妍翩焉來下探九淵攫頷驚起龍正眠茫茫塵刼今幾年北斗柄爛東海田袖中琲琲輝且圓琤淙落筆如流泉烏欄錦褾餘百篇獄寶上燭牛斗躔御題小璽今宛然已散復合庸非天鯨魚東去雲浪翻晴晝訣蕩開虎關紫金浮玉月滿川大招爲賦乘

槎騖

許丁卯詩眞蹟錄終

丹徒許體良礽校

丹徒許芝瑛覆校

許丁卯詩眞蹟錄跋

右許丁卯詩眞蹟錄一卷岳珂寶眞齋法書贊著錄原題唐許渾烏絲欄詩眞蹟跋云詩分上下二卷其從何詩分卷未嘗言之今錄爲一卷考丁卯詩自書眞蹟見於米元章書史宣和書譜眞蹟亦有許渾今體詩正書烏絲欄而自來編丁卯集者於眞蹟之詩頗有所遺眞蹟詩一百七十一篇以毛氏汲古本校之其不載者七言詩十六首聞開江相國宋公下世二首出關一首夜泊松江渡寄友人一首寄雲際寺子敬上人一首經故行宮一首宣州開元寺贈惟直上人一首秋晚懷茅山石涵村舍一首客有卜居不遂薄游汧隴者因題絶句一首送楊東發東歸一首貴遊一首宿咸宜觀一首紫藤一首越中一首陳宮怨一首謝亭送客一首五言詩至四十六首韶州送竇司直北歸一首將赴京師津寄別蕭處士二首寓居崇聖寺送客南歸一首早別儵然上人一首送從兄別駕歸蜀一首暝投靈智寺渡溪不得緣江路一首過鮑溶宅有感一首寄兄弟一首秋日一首卜居招書侶一首西山草堂一首貽隱者一首送人歸吳興一首月夜期友

人不至一首寄袁校書一首征西舊卒一首王秀才自越見尋不遇題詩而迴因以酬寄一首送客歸蘭溪一首贈王處士一首贈裴處士一首石池一首懷政禪師院一首送荔浦蔣明府赴任一首秋夕有懷一首秋霽寄遠一首送鄭寂上人南游一首留題李侍御宅一首行次白沙館先寄上河南王侍郎一首重哭楊攀處士二首茅山題徐校書隱居一首題倪處士舊居一首聞范秀才自蜀遊江湘一首綠蘿一首江上喜洛中友人繼至一首宿東横山瀨一首貽遷客一首再寄殷堯藩一首陵陽送客一首松江懷古一首題李元之幽居一首長興里夏日寄南鄰避暑一首天街曉望一首早春懷江南一首送客南歸有懷一首共六十二首汲古本出於宋刻於眞蹟詩幾遺其三分之一是自宋編丁卯詩者卽未見烏絲欄眞蹟也元大德間信安祝氏編丁卯集時所得詩多於毛本毛本二百九十八首祝本三百九十二首此六十二首中祝氏已得其二十二首韶州送竇司直北歸一首將赴京師津寄別蕭處士二首早別翛然上人一首送從兄別駕歸蜀一首送人歸吳興一首月夜期友人不至一首寄袁校書一首王秀才自越見尋不遇題詩而迴因以酬寄一首送客歸蘭溪一首贈王處士一首送鄭寂上人南游一首題倪處士舊居一首江上喜洛中友人繼至一首再寄殷堯藩一首陵陽送客一首謝亭送客一首題李

元之幽居一首長興里夏日寄南鄰避暑一首天街曉望一首早春懷江南一首送客南歸有懷一首然爲所遺者尚至四十首之多別有七言臥疾一首在此數外是祝氏於此眞蹟亦未能得也席選百名家詩丁卯集別從一元本出正集二卷於此四十首中闕其三首宣州開元寺贈惟直上人一首贈裴處士一首茅山題徐校書隱居一首此外又有臥疾一首從宋本補於末者其餘之三十七首皆見於遺篇與續補卷中明弘治洪洞鄭氏本其未著於錄者亦卽此四十首則元明以來於丁卯眞蹟概未肄業及之也至全唐詩博稽衆家於各本異文似已具列今考綠蘿一首席續集誤題爲紫藤許別有紫藤詩至綠蘿詩首句卽云綠蘿縈數里是不得爲紫藤甚明全唐詩因之無一作某某之注其送蘇協律從事振武一首全唐詩從各本題作送樓煩李別駕又無一作某某之注皆足爲未見眞蹟之證又如錢唐青山李隱居西齋一首明在眞蹟中必非他氏

所作全唐詩於題下注云一作李郢詩若見眞蹟則此注必在所刊席續集遺篇以寓居崇聖寺送客南浦爲或作趙嘏詩今亦在眞蹟中至將赴京師津亭別蕭處士二首本係一題元明二本皆分爲二首各自一題一曰將赴京師蒜山津送客還荆渚一曰送客歸峽中全唐詩因之於二題下所存一作轉與眞蹟相同如編詩時參稽及此則必以眞蹟爲正題不應分爲二首矣用晦眞蹟自敘云編集新舊五百篇全唐詩編丁卯詩至五百三十餘首逾於郢州自紀之數丁卯之詩宜若一無所遺乃宣州開元寺贈惟直上人一首與茅山題徐校書隱居一首明載於眞蹟中者卽爲全唐摭拾所不及若非倦翁所傳錄將於何徵之考郢州手寫此本在丁卯澗村舍於自序言之劉逕亦至潤收許渾詩見米芾書史倦翁於嘉定癸未見首卷踰年得

後一卷時亦仕於潤州癸未爲嘉定十六年考岳珂嘉定十四年以總餉兼權潤守見至順鎮江志至紹定六年癸巳以京口元夕張燈事乃爲韓正倫構陷詳珂玉楮詩稿是珂於嘉定癸未申申時皆在潤州也是此烏絲欄眞蹟洵爲吾邑文苑增一雅故予既最錄其文別爲校勘記一卷矣而於此二詩爲各本所遺者尤躊躇屢眷者也惜此眞蹟自倦翁著錄後流傳之緒別無可言卽寶眞齋法書贊亦輯自永樂大典聚珍版外無一刻本可以參校異同嘗讀米芾書史言劉涇收許渾烏絲欄手寫詩一百篇字法柳不俗第一篇湘潭雲盡暮煙出巴蜀雪消春水來盡是面覩西南世界一段物色自有識者知之楊慎丹鉛總錄今本煙作山細思之煙字爲勝卷十三訂訛類是眞蹟第一篇較之今本已見勝處乃今聚珍本仍作暮山是傳錄之第一篇固已與眞蹟不應則其他之失其眞者恐尚不可勝原掌錄名

蹟不聞宋槧古人既往千載無聲安能與之證明哉戊午夏四月初八日甲子丹徒陳慶年跋

唐許用晦丁卯集二卷

甲寅仲春
橫山草堂

丁卯集卷上目錄

移攝太平寄前李明府
再遊姑蘇玉芝觀
夜歸驛樓
題靈山寺行堅師院
題韋長史山居
贈李伊闕
重遊練湖懷舊
乘月櫂舟送大曆寺靈聰上人不及
汴河亭
郵舍二首
鄭秀才東歸憑達家書
傷湖州李郎中

丁卯集卷下

下第別楊至之
尋戴處士
放猨
將離郊園留示弟姪
夜歸丁卯橋邨舍
題靑山館
秋日白沙館對竹
春日題韋曲野老村舍二首
汎五雲溪
崇聖寺別楊至之
途經李翰林墓
嚴陵釣臺貽行宮

丁卯集目錄終

丁卯集卷上

郢州刺史許渾

七言雜詩

淩歊臺 當塗縣西 宋高祖築

宋祖淩高樂未回三千歌舞宿層臺湘潭雲盡莫山出巴蜀雪消春水來行殿有基荒薺合寢園無主野棠開百年便作萬年計嵒畔古碑空綠菭

驪山

聞說先皇醉碧桃日華浮動一作豔鬱金袍風隨玉輦笙歌迥雲卷珠簾劍佩高鳳駕北歸山寂寂龍旗西幸水滔滔娥眉一作貴妃沒後巡遊少瓦落宮牆見野蒿

咸陽城東樓

一上高城萬里愁蒹葭楊柳似汀洲谿雲初起日沈閣山雨欲來風滿樓鳥下綠蕪秦苑夕蟬鳴黃葉漢宮秋行人莫問當年事故國東來渭水流（一作行人莫問前朝事渭水寒光晝夜流）

京口閒寄京洛友人

吳門煙月昔同遊楓葉蘆花並客舟聚散有期雲北去浮沈無計水東流一尊酒盡青山暮千里書回碧樹秋何處相思不相見鳳城宮（一作龍）闕楚江樓

傷李秀才

曾醉笙歌日正遲醉中相送易前期橘花滿地人亡後菰葉連天雁（一作客）過時琴倚舊窗塵漠漠劍橫新冢艸離離河橋酒熟平生事更向東流奠一巵

冬日登越王臺懷歸

月沈高岫宿雲開萬里歸心獨上來河畔雪飛揚子宅海邊花盛越王臺瀧分桂嶺魚難過瘴近衡峰雁卻回鄉信漸稀人漸老只應頻看北枝梅看一作醉

對雪

雲度龍山暗綺城先飛淅瀝引輕盈素娥冉冉拜瑤闕皓鶴紛紛朝玉京陰嶺有風梅豔散寒林無月桂華清剡谿一醉十年事忽憶棹回天未明

送蕭處士歸緱嶺別業

醉斜烏帽髮如絲曾看仙人一局棋賓館有魚爲客久鄉書無雁到家遲緱山住近吹笙廟湘水行逢鼓瑟祠今夜月明何處宿九疑雲盡綠參差

與韓鄭二秀才同舟東下洛中親友送至景雲寺

三十六峰橫一作同一川綠波無路草芊芊牛羊晚食鋪平地鷓鴣晴飛摩遠天洛客盡回臨水寺楚人皆逐下江船東西未有相逢日更把繁華共醉眠

長安歲莫

獨望天門倚劍歌干時無計老關河一作每望青雲憶薜蘿長安九陌獨悲歌東歸萬里慚張翰西上四年羞卞和花暗楚城春醉少月涼秦塞夜愁多三山歲歲有人去唯恐海風生白波一作蓬瀛有路未知處漲海悠悠空碧波

贈茅山高拾遺

諫獵歸來綺季歌大茅峰影滿秋波山齋留客埽紅葉野艇送僧披綠莎長覆舊圖棋勢盡徧添新品藥名多雲中黃鵠日千里自宿自飛無網羅

李秀才近自塗口遷居新安適枉緘書見寬悲戚因以此答

遠書開罷更依依，晨坐高臺竟落暉。顏巷雪深人已去，庾樓花盛客初歸。東堂望絕遷鶯起，南國哀餘候雁飛。今日勞君猶問訊，一官唯長故山薇。

贈蕭兵曹

廣陵隄上昔離居，帆轉瀟湘萬里餘。楚客病時無鵩鳥，越鄉（一作江）歸去有鱸魚。潮生水郭蒹葭響，雨過山城橘柚疏。聞說攜琴兼載酒，邑人爭識（一作邛人休羨）馬相如。

題舒女廟

山樂來迎去不言，廟前高柳水禽喧。綺羅無色雨侵帳，珠翠有聲風繞幡。妝鏡尚疑山月滿，寢屏猶認野花繁。孤舟夢斷

行雲散何限離心寄曉猨

姑熟官舍

艸生官舍佀閒居雪照南窻滿素書貧後始知爲吏拙病來還喜識人疎青雲豈有窺梁燕濁水應無避釣魚不待穐風便歸去紫陽山下是吾廬

淩歊臺送韋秀才

雲起高臺日未沈數郵殘照半巖陰野蠶成繭桑柘盡溪鳥引雛蒲稗深帆勢依依投極浦鍾聲杳杳隔前林故山迢遞故人去一夜月明千里心巖一作蘿

臥疾

寒窻燈盡月斜暉珮馬朝天獨掩扉清露已凋秦塞柳白雲空長越山薇病中送客難爲別夢裏還家不當歸唯有舊書

書未得臥聞燕雁向南飛

送嶺南盧判官罷職歸華陰山居

曾與劉琨雁塞空十年書劍侶一作任飄蓬東堂舊屈一作有移山志南國新留煮海功還挂一帆靑海畔更開三逕碧蓮中關西舊一作親友應一作如相問已許滄浪伴釣翁

將度故城湖阻風夜泊永陽戍

行盡清溪日已蹉雲容山影水嵯峩樓前歸客怨清夢樓上美人凝夜歌獨樹高高風勢急平湖渺渺月明多終期一艇載樵去來往使帆淩白波

緱山廟

王子求仙月滿臺玉簫清轉鶴裴徊曲終飛去不知處山下碧桃春自開

穐日

琪樹西風華簟秋楚雲湘月憶同遊高歌一曲揜明鏡昨日少年今白頭

鄭侍御廳翫鶴

碧天飛舞下晴莎金閣瑤池絕網羅嵒響數聲風滿樹岸移孤影雪淩波緱山去遠雲霄迥遼海歸遲歲月多雙翅欲開千萬里祇應棲穩戀喬柯

南庭夜坐貽開元禪定二道者

莫莫焚香何處宿西巖一室暎疏藤光陰難駐跡如客寒暑不驚心是僧高樹有風聞夜磬遠山無月見穐鐙身閒境靜日爲樂若問其餘非我能

宋坡故少保杜公池亭

杜陵池榭綺城東孤島回汀路不窮高岫乍疑三峽近遠波初佀五湖通楸梧葉暗瀟瀟雨菱荇花香淡淡風還有昔時巢鷰在飛來飛去畫堂中（一作空）

秋日早朝

宵衣應待絕更籌環佩鏘鏘月下樓井轉轆轤千樹曉鑰開閶闔萬山纜龍旟盡列趨金殿雉扇纔分拜玉旒虛戴鐵冠無一事滄江歸去老漁舟（一作滄浪歸老釣漁舟）

滄浪峽

纓帶流塵髮半霜獨尋殘月下滄浪一聲溪鳥暗雲散萬片野花流水香昔日未知方外樂莫年初信夢中忙紅蝦青鯽紫芹脆歸去不辭來路長

登故洛陽城

禾黍離離半野蒿昔人城此豈知勞水聲東去市朝變山勢北來宮殿高鴟噪莫雲歸古堞雁迷寒雨下空壕可憐緱嶺登仙子猶一作獨自吹笙醉碧桃

聞釋子栖玄欲奉道因寄

欲求真訣戀禪扃羽帔方袍盡有情仙骨本微靈鶴遠法心潛動毒龍驚三山未有偷桃計四海初傳問菊名今日勸師師莫羨長生難學一作不侶證無生

南海府罷南康阻淺行侶稍稍登陸主人蕭餞至頻莫宿東溪

晴灘水落漲虛沙灘去秦吳萬里賒一作斜馬上折殘江北柳舟中開盡嶺南花離歌不斷如留客歸夢初驚侶到家山鳥一聲人未起半牀春月在天涯到一作別

穐晚雲陽驛西亭蓮池

心憶蓮池秉燭遊葉殘花敗尚維舟煙開翠扇清風曉水汎紅衣白露秋神女暫來雲易散仙娥初去月難留空懷遠道無持贈醉倚欄干盡日愁

題勤尊師歷陽山居 并序

師即思齊之孫頃爲故相國蕭公錄用相國致政尊師亦自邊將入衛因贈是詩

二十知兵在羽林中年潛識子房心蒼鷹出塞胡塵滅（一作靜）白鶴還鄉楚水深春坼酒瓶浮（一作兼）藥氣晚攜棋局帶松陰雞籠山上雲多處自劚黃精不可尋

懷舊居

兵書一篋老無功故國郊扉在夢中藤蔓覆梨張谷暗（一作靜）

艸花侵菊一作杏庾園空朱門跡忝登龍客白屋心期失馬翁
楚水吳山何處是北窗殘月照屛風

祇命許昌自郊居移入公館秋日寄茅山高拾遺

一笛迎風萬葉飛強攜刀筆換荷衣潮寒水國秋砧早月暗
山城夜漏稀邑響遠聞樵客過浦深遙送釣童歸中年未識
從軍樂虛近三茅望少微

哭虞將軍

白首從軍未有名近將孤劍到江城巴童戍久能番語胡馬
調多解漢行對雪夜窮黃石略望雲穐計黑山程可憐身死
家猶遠汴水東流無哭聲

晚自朝臺至韋隱居郊園

穐來鳧雁下方塘繫馬朝臺步夕陽村逕繞山松葉暗野門

臨水稻花香雲連海氣琴書潤風帶潮聲枕簟涼西去磻溪猶萬里可能垂白待文王

寓居開元精舍酬薛秀才見貽

知己蕭條信一作成陸沈茂陵扶疾臥西林芰荷風起客堂靜松桂月高僧院深清露下時傷旅鬢白雲歸處寄鄉心勞一作憐君詩思一作句猶相憶題在一作向空齋夜夜吟一作日日吟

別劉秀才

三獻無功玉有瑕更攜書劍客天涯孤帆夜別瀟湘雨廣陌春期鄠杜花鐙照水螢千點滅棹驚灘雁一行斜關河萬里一作迢遞秋風急望見鄉山不到家

早發天台中巖寺度關嶺次天姥岑

來往天台天姥閒欲求真訣駐衰顏星河半落巖前寺雲霧

初開嶺上一作外闢丹壑樹多風浩浩碧溪苔淺水潺潺可知劉阮逢人處行盡深山又是山

遊錢塘青山李隱居西齋

小隱西亭爲客開翠蘿深處徧蒼一作青苔林間埽石安碁局巖下分泉遞酒杯蘭葉露光穐月上蘆花風起夜潮來雲山繞屋猶嫌淺欲棹漁舟近釣臺

春日郊園戲贈楊嘏評事

十里蒹葭入薜蘿春風誰許暫鳴珂相如渴後狂還減曼倩飢來語更多門枕碧溪冰皓耀檻齊青嶂雪嵯峩野橋沽酒茅簷醉誰羨紅樓一曲歌

晚自東郭回留一二遊侶

鄉心迢遞宦情微吏散尋幽竟落暉林下草腥巢鷺宿洞前

雲溼雨龍歸鍾隨野艇同孤棹鼓絕山城掩半扉今夜西齋好風月一瓢春酒莫相違

與鄭秀才叔姪會送楊秀才昆仲東歸

書劍功遲白髮新異鄉仍送故鄉人阮公留客竹齋曉田氏到家荆樹春雪盡塞鴻南翥少風來胡馬北嘶頻洞庭煙月如終老誰是長楊諫獵人

送郭秀才遊天台 并序

余嘗與郭秀才同觀朱審畫天台山圖秀才因遊是山題詩贈別焉

雲埋陰壑雪凝峰半壁天台已萬重人度碧溪疑輟棹僧歸蒼嶺似聞鍾暖眠鸂鶒晴灘艸高挂獼猴莫澗松曾約共遊今獨去赤城西面水溶溶

送張尊師歸洞庭

能琴道士洞庭西風滿歸帆路不迷對岸水花霜後淺傍簷山果雨來低杉松近晚移茶竈嵒谷初寒藍藥畦他日相思兩行字無人知處武陵溪

移攝太平寄前李明府

病移（一作多）嵒邑稱閒身何處風光貰酒頻溪柳遶門彭澤令野花連洞武陵人嬌歌自駐壺中景豔舞長留海上春早晚高臺更同醉綠蘿如帳草如茵

再遊姑蘇玉芝觀

高梧一葉下秋初迢遞重廊舊（一作來說）寄居月過碧窗今夜酒雨昏紅壁去年書玉池露冷芙蓉淺瓊樹風高（一作金井煙分）薛荔疏明日挂帆（一作從此扁舟）更東去仙翁應笑爲鱸魚

夜歸驛樓

水晚雲秋山不窮自疑身在畫屏中孤舟移棹一江月高閣卷簾千樹風窗下覆碁殘局在橋邊沽酒半壚空早炊香稻待鱸鱠南渚未明尋釣翁

題靈山寺行堅師院

西巖一逕不通樵八十持杯未覺遥龍在石潭聞夜雨雁移沙渚見秋潮經函露溼文多（一作昔）暗香印風吹字半（一作欲）銷應笑東歸又南去越山無路水迢迢

題韋長史山居

一官唯買晝公堂但得身閒日自長琴曲少聲重勘譜藥丸多忌更尋方溪浮箬葉添杯綠泉遶松根助茗香明日鱖魚何處釣門前春水似滄浪

贈李伊闕 并序

前伊闕李師晦侍御辭秩歸山過余所止醉圖二室於屋壁亦招隱之旨也因而有贈焉

桐履如飛不可尋一壺雙笈嶧陽琴舟橫野渡寒風急門掩荒山夜雪深貧笑白駒無去意病慚黃鵠有歸心雲閒二室勞君畫水墨蒼蒼半壁陰

重遊練湖懷舊 并序

余嘗與故宋補闕次都秋夕遊練湖亭今復登賞愴然有感因賦是詩

西風渺渺月連天同醉蘭舟未十年鵩鳥賦成人已没嘉魚詩在世空傳榮枯盡寄浮雲外哀樂猶驚逝水前日莫長隄更回首一聲鄰笛舊山川一作一聲蟬續一聲蟬

乘月棹舟送大曆寺靈聰上人不及

萬峰秋盡百泉清舊鎖禪扉在赤城楓浦客來煙未散竹窗僧去月猶明杯浮野渡魚龍遠錫響空山虎豹驚一字不留何足訝白雲無路水無情

汴河亭

廣陵花盛帝東游先劈崑崙一作黃河一派流百二禁兵辭象闕三千宮女下龍舟凝雲鼓震星辰動拂浪旗開日月浮四海義師歸有衜迷樓還佀一作何異景陽樓

郊舍二首

自翦青莎織雨衣南峯一作村煙火是柴扉萊一作山妻早報一作起蒸藜熟童子遙迎種豆歸魚下碧潭當鏡躍鳥還青嶂拂屏飛花時未免人來往欲買嚴光舊釣磯

何乎多累自歸一作休難一日身閒一作深居一日安山逕有一作晚
雲收獵網水門一作庭無一作涼月挂漁竿花閒酒氣春風暖一作
遠竹裏碁聲夜雨寒三頃水田秋更熟北窗誰拂舊塵冠

鄭秀才東歸憑達家書

欲寄家書少客過閉門心遠洞庭波兩巖花落夜風急一逕
草荒春雨多愁汎楚江吟浩渺憶歸吳岫夢嵯峩貧居不問
應知處溪上閒船一作扁舟繫綠蘿

傷湖州李郎中

政成身沒共興哀鄉路兵戈旅櫬迴城上莫雲凝鼓角海邊
春草閉池臺經年未葬佳人散昨夜因齋故吏來南北相逢
皆掩泣一作欲過洞庭還倚棹白蘋洲暖一作百花開

和友人送僧歸桂州靈巖寺

楚客送僧歸桂陽海門帆勢極瀟湘碧雲千里莫愁合白雪一聲春思長柳絮擁隄添衲輭松花浮水注瓶香南宗長老幾年別聞道半巖多影堂

淮陰阻風寄楚州韋中丞

垂釣京江欲白頭江魚堪釣卻西遊劉伶臺下稻花晚韓信廟前楓葉秋淮月未明先倚檻海雲初起更維舟河橋有酒無人醉獨上高城望庾樓

途經敷水

修蛾顰翠倚柔桑遥謝春風白面郎五夜有情隨莫雨百年無節待秋霜重尋繡帶朱籐合更認羅裙碧草長何處野花何處水下峰流出一渠香

和人賀楊僕射致政并序

祠部楊員外以僕射楊公拜官致仕舊府賓僚及門生合讌申賀飲後書事因和呈

蓮府一作龍闕公卿拜後塵手持優詔挂朱輪從軍幕下三千客聞禮庭中七十人飾帳麗詞推北巷畫堂清樂掩南鄰豈同王謝山陰會空敘流杯醉一作向莫春

四皓廟

桂香松暖廟門開獨瀉椒漿奠一杯秦法欲興鴻已去漢儲將廢鳳還來紫芝翳翳多青艸白石蒼蒼半綠苔山下驛塵南竄路不知冠蓋幾人回

鶴林寺中秋夜翫月

待月東林月正圓廣庭無樹草無煙中穐雲盡出滄海半夜露寒當碧天輪彩漸移金殿外鏡光猶挂玉樓前莫辭達曙

殷勤望一墮西巖又隔年

南海府罷歸京口經大庾嶺贈張明府

樓船旌旆極天涯一劍從軍兩鬢華回日眼明河畔艸一作柳去時腸斷嶺頭花陶詩盡寫行過縣張賦初成臥到家官滿知君有歸處姑蘇臺上一作吳王宮殿舊煙霞

題衞將軍廟并序

將軍名逖陽羡人少習詩書學弓劍有武略二十七游并汾間遇神堯皇帝始建義旗逖以勇藝進備行列洎擒竇建德逖時挾鎗劍前突後翼太宗顧而奇之天下既定錄其功拜將軍宿衞以母老病且乞歸侍殘年辭旨哀激詔許之既而以孝敬睦閨門以然信居鄉里及卒邑人懷其賢廟宇荊溪之濆以平生弓甲懸東西廡下歲時祠祭頗福其土焉文士

王敎撰碑辭實詳備惜乎國史闕書其人因題是詩於廟壁

武牢關下護龍旗挾槊一作戟彎弓馬上飛漢業未興王霸在秦軍纔散魯連歸墳穿大澤埋金劍廟枕長溪挂鐵衣欲奠一作弔忠魂何處問葦花楓葉雨霏霏

訪別韋隱居不值并序

余行至雙巖溪訪韋隱居已榜舟詣開元寺水閣見送櫂回已晚因題是詩留別

犬吠雙巖碧樹閒主人朝出半開關湯師閣上留詩別杜叟橋邊載酒還櫟鳴炊煙晴過嶺蓼郇漁火一作父夜移灣故鄉蕪沒兵戈後憑向溪南買一山

送前東陽于明府由鄂渚歸故林

結束征車換黑貂灞西風雨正瀟瀟茂陵久病書千卷彭澤

初歸酒一瓢帆背夕陽溢水闊櫂經滄海甑山遙殷勤為謝
南溪客白首螢窗未見招一作華門誰見招

聽歌鷓鴣辭并序

余過陝州夜讌將罷妓人善歌鷓鴣者詞調清怨往往在耳
因題是詩

南國多情多豔詞鷓鴣清怨遶梁飛甘棠城上客先醉苦竹
嶺頭人未歸響轉碧霄雲駐影曲終清漏月沈暉山行水宿
不知遠猶夢玉釵金縷衣

寄題華嚴韋秀才院

三面樓臺百丈峰西巖高枕樹重重晴攀翠竹一作題詩滑葉
秋摘黃花釀酒濃山殿日斜喧鳥雀石潭波動戲魚龍今來
故國遙相憶月照千山半夜鐘

戲代李協律松江有贈

蜀客操琴吳女歌明珠十斛是天河霜凝薜荔怯秋樹露滴芙蓉愁晚波蘭浦遠鄉應解珮柳隄殘月未鳴珂西樓沈醉不知散潮落洞庭洲渚多

送黃隱居歸南海

瘴霧南邊久寄家海中來往信流槎林藏鸓鸓音弗多殘筍樹過猩猩少落花深洞有雲龍蛻骨半巖無草象生牙知君愛宿層峰頂坐到三更見日華

朝臺送客有懷

趙佗西拜已登壇馬援南征土宇寬越國舊無唐印綬蠻鄉今有漢衣冠江雲帶日秋偏熱海雨隨風夏亦寒嶺北歸人莫回首蓼花楓葉萬重灘

自楞伽寺晨起汎舟道中有懷

碧樹蒼蒼茂苑東佳期迢遞路何窮一聲山鳥曙雲外萬點水螢秋艸中門揜竹齋唯有月棹移蘭渚淡無風欲知此路堪惆悵菱葉蓼花連故宮

十二月拜起居表回

一章西奏拜仙曹回馬天津北望勞寒水欲春冰彩薄曉山初霽雪峰高樓形向日攢飛鳳宮勢淩波壓抃鼇空鎖煙霞絕巡幸周人誰識鬱金袍

觀章中丞夜按歌舞

夜按雙娃禁曲新東西簫鼓接雲（一作華）津舞衫未换紅鉛溼歌扇初移翠黛顰彩檻燭煙光吐日畫屏香霧暖凝春西樓月在襄王醉十二山高不見人

重遊飛泉觀題故梁道士宿龍池

西巖泉落水容寬靈物蜿蜒黑處蟠松葉正秋琴韻響菱花初曉鏡光寒雲開星月浮山殿雨過風雷繞石壇仙客不歸龍亦去稻畦長滿此池乾

下第貽友人

身在關西家洞庭夜寒歌苦燭熒熒一作孤燭夜熒熒人心高下月中桂客思往來波上萍馬氏識君肩最白阮公留我眼長青花前失意共寥落莫遣東風吹酒醒

晚登龍門驛樓

魚龍多處鑿門開萬古人知夏禹材青嶂遠分從地斷洪流高瀉自天來風雲有路皆燒尾波浪無程盡曝腮心感膺門身過此晚山秋樹獨徘徊

寄桐江隱者

潮去潮來洲渚春山花如繡草如茵嚴陵臺下桐江水解釣鱸魚能幾人

送宋處士

賣藥修琴歸去遲山風吹落桂花時世間甲子須臾過一作事逢著仙翁莫看碁

韶州韶陽樓夜讌

待月西樓捲翠羅玉杯瑤瑟近星河簾前碧樹窮秋密窗外靑山薄莫多鸜鵒未知狂客醉鷓鴣先讓美人歌使君莫惜通宵飲刀筆初從馬伏波

聞韶州李相公移拜郴州因寄

詔移丞相木蘭舟桂水潺湲嶺北流靑漢夢歸雙闕曙白雲

吟過五湖秋恩迴玉扆人先喜道在金縢世不憂聞說公卿盡南望甘棠花暖鳳池頭

聽吹鷓鴣

金谷歌傳第一流鷓鴣清怨碧雲愁夜來省得曾聞處萬里月明湘水流

秦樓曲

秦女夢餘仙路遥月窗風簟夜迢迢伴郎翠鳳雙飛去三十六宮聞玉簫

游江令舊宅

身没南朝宅已荒邑人猶賞舊風光芹根生葉石池淺桐樹落花金井香帶暖山蜂巢畫閣欲陰溪鷰集書堂閒愁此地更西望一作回首潮淺臺城春草長

灞上逢元處士東歸

瘦馬頻嘶灞水寒灞南高處望長安何人更結王生襪此客虛彈貢氏冠江上蟹螯沙渺渺隝中蝸殼雪漫漫舊交已變（一作盡）新知少卻伴漁師把釣竿

學仙二首

漢武迎仙紫禁秋玉笙瑤瑟祀昆丘年年望斷無消息空閉五城十二樓

心期仙訣意無窮彩畫雲車起壽宮聞有三山未知處茂陵松柏滿西風

別張秀才并序

余與張秀才同出關至陝府余取南道止洛下張由北路抵江東因幕中讌餞遂賦詩以別

不知何許寫離憂萬里山川半舊游風捲莫沙和雪起日融春水帶冰流淩晨客淚分東郭竟夕鄉心共北樓青桂一枝年少事莫因鱸鱠涉窮秋

劉表兄軍倅并序

余祇命南海至廬陵逢表兄軍倅奉使淮海別後卻寄是詩

廬橘花香拂釣磯佳人猶舞越羅衣三洲水淺魚來少五嶺山高雁到稀客路晚依紅樹宿鄉關口早一作望白雲歸友親不念征南吏客一作昨夜風帆去侶飛

題蘇州虎丘寺僧院

暫引寒泉濯遠塵此生多是異鄉人荆溪夜雨花開疾吴苑秋風月滿頻萬里高低門外路百年榮辱夢中身世間誰侶西林客一臥煙霞四十春

酬郭少府先奉使巡㳂見寄兼呈裴明府

載書攜榼別池龍十幅輕帆處處通謝朓宅荒山翠裏王敦城古月明中江村夜漲浮天水澤國秋生動地風飽食鱸魚榜歸檝待君琴酒醉陶公

出永通門經李氏莊

飛軒危檻百花堂朝讌歌鍾莫已荒中散獄成琴自怨步兵池廢酒猶香風池宿鳥喧朱閣雨砌秋螢拂畫梁力保山河家又慶祇應中令敵汾陽

酬康州韋侍御同年

桂檝美人歌木蘭西風嫋嫋露漙漙夜長曲盡意不盡月在瀟湘洲渚寒

金谷園

三戢沈身是此園古藤荒艸野（一作莫）禽喧二十四友一朝盡
愛妾墮樓何足言

送王總下第歸丹陽

秦樓心斷楚江湄繫馬春風酒一巵汴水月明東下疾練塘
花發北來遲青蕪定没安貧處黃葉應催獻賦時憑寄家書
爲（一作問）回報舊居還有故人知

南陽道中

月斜孤館傍郵行野店高低帶古城籬上曉花齋後落井邊
飄葉社前生飢烏索哺隨雛叫乳犢慵歸望犢鳴荒艸連天
風墮地不知誰學武侯畊

破北虜太和公主歸宮闕

毳幕承秋極斷蓬飄飖一劍黑山空匈奴北走荒秦壘貴主

西還盛漢宮定是廟謨傾種落必知邊寇畏驍雄恩沾殘類
從歸去莫遣華人雜犬戎

　李定言自殿院銜命歸闕拜外郎俄遷右史因寄

白筆南征變二毛越山愁瘴海驚濤纔歸龍尾含雞舌更立
螭頭運（一作晚）兎毫閶闔欲開宮漏盡冕旒初坐御香高吳中
舊侶（一作友）君先貴曾憶王祥與佩刀

　早穐韶陽夜雨

朱玉含悽夢亦驚芙蓉山響一猿聲陰雲迎（一作凝）雨枕先潤
夜電引雷窗暫明暗惜水花飄廣檻遠愁楓葉下高城西歸
萬里未千里應到故園春艸生

　將為南行陪尚書崔公宴海榴堂

朝讌華堂莫未休幾人偏得謝公留風傳鼓角霜侵戟雲卷

笙歌月上樓賓館盡開徐孺榻客帆空戀李膺舟謾誇書劍
無歸處水遠山長步步愁

贈王山人

貰酒攜琴訪我頻始知城市有閒人君臣藥在寧憂病子母
錢成豈患貧年長每勞推甲子夜寒初共守庚申近來聞說
燒丹處玉洞桃花萬樹春

宣城崔大夫召聯句偶疾不獲赴因獻

心慕知音命自拘畫堂聞欲試吹竽茂陵罷酒慚中聖漳浦
題詩怯大巫鬢鬣幾年傷在藻羽毛終日羨棲梧還愁旅櫂
空歸去楓葉荷花釣五湖

贈鄭處士

道傍年少莫矜誇心在重霄鬢未華楊子可曾過北里魯人

何必敬東家寒雲曉散千峰雪暖雨晴開一逕花且賣湖田
釀春酒與君書劍是生涯

元正

高揭雞竿闢帝閽祥風微暖瑞雲屯千官共削姦臣迹萬國
初銜聖主恩宮殿雪華齊紫閣關河春色到青門華夷一軌
人方泰莫學論兵誤至尊

登尉佗樓

劉項持兵鹿未窮自乘黃屋島夷中南來作尉任囂力北向
稱臣陸賈功簫鼓尚存今世廟旌旗猶鎖昔時宮越人未必
知虞舜一奏薰絃萬古風鎖一作鎖

韶州驛樓宴罷

檐外千帆背夕陽歸心杳杳鬢蒼蒼嶺猿羣宿夜山靜沙鳥

獨飛秋水涼露墮桂花碁局溼風吹荷葉酒瓶香主人不醉下樓去月在南軒更漏長

和淮南王相公與賓僚同游瓜州別業題舊書齋

碧油紅旆想青衿積雪窗前盡日吟巢鶴去時雲樹老臥龍歸處石潭深道傍苦李猶垂實城外甘棠已布陰賓御莫辭巖下醉武丁高枕待爲霖

送盧先輩自衡岳赴復州嘉禮二首

名振金閨步玉京暫留滄海見高情衆花盡處松千尺羣鳥喧時鶴一聲朱閣簟涼疏雨過碧溪船動早潮生離心不異西江水直送征帆萬里行

湘南詩客海中行鵬翅垂雲不自矜秋水靜磨金鏡土夜風寒結玉壺冰萬重嶺嶠辭衡岳千里山陂問竟陵醉倚西樓

人已遠柳溪無淚月澄澄

哭楊攀處士

先生憂道樂淸貧白髮終爲不仕身嵇阮沒來無酒客應劉亡後少詩人山前月照孤墳曉溪上花開舊宅春昨夜回舟更惆悵至今鐘磬滿南陵

旌儒廟

寒谷一作柏陰風萬古悲儒冠相枕死秦時廟前亦有商山路不學老翁歌紫芝

寄宋次都

朱檻煙霜夜坐勞美人南國舊同袍山長水遠無消息瑤瑟一彈秋月高

宿望亭館寄蘇州一二同志

候館人稀夜自更一作長姑蘇城遠樹蒼蒼江湖水落高樓迴
河漢秋歸廣簟涼月轉碧梧移鵲影露低紅葉溼螢光西園
詩侶應多思莫醉笙歌掩畫堂

盧山人自巴蜀由湘潭歸茅山因贈

太一靈方鍊紫荷紫荷飛盡髮皤皤猨啼巫峽曉雲薄雁宿
洞庭秋月多導引豈如桃葉舞步虛寧比竹枝歌華陽舊隱
莫歸去水沒芝田生綠莎

潁州從事西湖亭讌餞

西湖清讌不知回一曲離歌酒一杯城帶夕陽聞鼓角寺臨
秋水見樓臺蘭堂客散蟬猶噪桂檝人稀鳥自來獨想征車
過口一作輦洛此中霜菊遶潭開

瓜州留別李詡

泣玉三年一見君白衣顚頷更離羣楊隄惜別春潮晚花樹留歎夜漏分孤館宿時風帶雨遠帆歸處水連雲悲歌曲盡莫重奏心遶關河不忍聞

余謝病東歸王秀才見寄今潘秀才南櫂奉訓

酷似牢之玉不如落星山下白雲居春畊旋構金門客夜學兼修玉府書風埽碧雲迎鷺鳥水還滄海養嘉魚莫將年少輕時節王氏家風在石渠

獻韶陽相國崔公

一匱爲功極九層康莊猶自劍稜稜舟回北渚經年泊門接東山盡日登萬國已聞傳玉璽百官猶望啟金縢賢臣曾致唐虞世獨倚江樓笑范增

夜泊永樂有懷

蓮渚愁紅蕩碧波吳娃齊唱采蓮歌橫塘一別千餘里蘆葦蕭蕭風雨多

鴻溝

相持未定各爲（一作懷）君秦政山河此地分力盡烏江千載後古溝荒艸起寒雲

重經四皓廟二首

峩峩商嶺采芝人雪頂霜髯虎豹茵山酒一壺歌一曲漢家天子忌功臣

避秦安漢出藍關松桂花陰滿舊山自是無人有歸意白雲長在水潺潺

郡齋夜坐寄舊鄉二姪

千官奉職袞龍垂旒臥淮陽鬢□（一作日）（一作已）衰三月已乖棠樹

政二年空負竹林期樓倚白浪風來遠城抱丹巖日到遲長
欲挂帆君莫笑越禽花晚夢南枝

病閒寄郡中文士

盧橘含花處處香老人依舊臥清漳心同客舍驚秋早迹侶
僧齋厭夜長風卷翠簾琴自響露凝朱閣簟先涼明朝欲醉
文中彥猶覺吟聲帶越鄉

賀少師相公致政并序

少師相公未及懸車之年二表乞罷將相徵於近代更無比
肩余受恩門館竊抒長句寄獻

六十懸車自古稀我公年少獨忘機門臨二室留侯隱權倚
三川越相歸不擬優游同陸賈已回清白遺胡威龍城鳳沼
棠陰在祇恐冥鴻更北飛

楚宮怨

十二山晴花盡開楚宮雙闕對陽臺細腰爭舞君沈醉白日
秦兵江上來

獵騎飆來在內稀渚宮雲雨溼龍一作君衣騰騰戰鼓動城關
江上一作畔射麋殊未歸

題崔處士居

坐窮今古掩書堂二頃湖田一半荒荆樹有花兄弟樂橘林
無實子孫忙龍歸曉洞雲猶溼麝過春山草自香向夜欲歸
心萬里故園松月更蒼蒼

疾後與郡中羣公讌李秀才

强留佳客讌王孫巖上餘花落酒罇書院欲開塵網戶訟庭
猶掩雀羅門耳虛盡日疑琴癖眼暗經秋覺鏡昏莫引劉安

倚西檻夜來紅葉下江村

晨起白雲樓寄龍興江準上人兼呈竇秀才秀才方自竟陵回

玆樓今是望鄉臺鄉信全稀曉雁哀山翠萬重當檻出水華千里抱城來東巖月在僧初起南浦花殘客已回欲弔靈均能去否秋風還有木蘭開

讌餞李員外并序

李羣之員外從事荊南尚書楊公詔徵赴闕俄爲淮南相國杜公辟命自漢上舟行至此郡於雲樓讌罷解纜阻風卻回因贈

病守江城眼暫開昔年吳越共銜杯鷹舟出鎮虛陳榻鄭履還京下隗臺雲葉漸低朱閣掩浪花初起畫檣回心期解印同君醉九曲池西望月來

經故太尉段公廟

徒想追兵緩翠華古碑一作城邊荒廟閉松花紀生不向滎陽死豈有山河屬漢家

訓錢汝州并序

汝州錢中丞以渾赴郢城見寄佳什恩憐過等寵飾逾深雖吟詠忘疲寶楷模不及輒率荒淺依韻獻訓

白雪多隨漢水流謾勞旌旆晚悠悠笙歌暗寫終年恨臺榭潛消盡日憂鳥散落花人自醉馬嘶芳艸客先愁怪來雅韻清無敵三十六峰當庾樓

將歸姑蘇南樓餞送李明府

無處登臨一作樓不繫情一憑一作瓶春酒醉高城暫移羅綺見山色纔駐管絃聞水聲花落西亭添別夢一作恨柳陰南浦促

歸程前期迢遞今宵短更倚朱欄待月明

和浙西從事劉三復送僧南歸

楚客送僧歸故鄉海門帆勢極瀟湘碧雲千里莫愁合白雪一聲春思長開院艸花平講席繞龕藤葉蓋禪牀憐師不得隨師去已戴儒冠事素王

送上元王明府赴任

莫言名重嬾驅雞六代江山碧海西日照蒹葭明楚塞煙分楊柳見隋隄荒城樹暗沈書浦舊宅花連罨畫溪官滿定知歸未得九重霄漢有丹梯

姑蘇懷古

宮館餘基輟棹過黍苗無限獨悲歌荒臺麋鹿爭新艸空苑鳧鷖占淺莎吳岫雨來虛檻冷楚江風急遠帆多可憐國破

忠臣死日日東流生白波

金陵懷古

玉樹歌殘一作愁王氣終景陽兵合戍一作晝樓空松一作梧楸遠近千官塚禾黍高低六代宮石鷰拂雲晴亦雨江豚吹浪夜還風英雄一去豪華盡唯有青山似洛中

送沈卓少府任江都或作趙嘏

煬帝都城春水邊笙歌夜上木蘭船三千宮女自塗地十萬人家如洞天豔豔花枝官舍晚重重雲影寺牆連少年作尉須競慎莫向樓前墮馬鞭

酬邢杜二員外并序

新安邢員外懷洛下舊居新定杜員外思闕中故里各蒙緘示因寄一詩以酬

雪帶東風洗畫屏客星懸處聚文星未歸嵩嶺莫雲碧久別杜陵春艸青熊軾並驅同雀噪隼旟齊駐是鴻冥豈知京洛舊親友夢繞潺湲江上亭

經故丁補闕郊居

死酬知己銜終全波暖孤冰且自堅鵬上承塵纔一日鶴歸華表已千年風吹藥蔓迷樵逕雨暗蘆花失釣船四尺孤墳何處是闔閭城外艸連天

陪宣城大夫崔公汎後池兼北樓讌二首

陪汎芳池醉北樓水花繁豔照膺舟亭臺陰合樹初畫絃管韻高山欲秋皆賀虢巖終選傅自傷燕谷未逢鄒昔時恩遇今能否一尉滄洲已白頭

江上西來共鳥飛翦荷浮汎侶輕肥王珣作簿公曾喜劉表

爲邦客盡依雲外軒窗通早景風前簫鼓送斜暉苑陵行樂金陵住遥對家山未憶歸

留别趙端公 并序

余行次鍾陵府中諸公宴餞趙端公曉赴郡齋宿約余來且整棹因留别

海門征櫂越龍瀧暫寄華筵倒玉缸簫鼓散時逢夜雨綺羅分處下秋江孤帆已過滕王閣高榻留眠謝守窗卻顧煙波阻風雪待君同拜碧油幢

寄陽陵處士

舊隱青山紫桂陰一書迢遞寄歸心謝公樓上晚花盛揚子宅前春艸深吳岫雨來溪鳥浴楚江雲暗嶺猨吟野人寧憶滄洲畔 一作伴 會待吹噓定至音

與張道士同訪李隱居不遇

千巖萬壑獨攜琴知在陵（一作龍）陽不可尋去轍已平秋艸徧空（一作寒）齋長掩莫雲深霜寒橡栗留（一作霜嚴枳橘供）山鼠月冷菰蒲散水禽唯有西林張仲蔚坐來同愴別離心

聞州中有讌寄崔大夫兼簡邢羣評事

簫管筵間列翠蛾玉杯金液耀金波池邊雨過飄帷幕海上風來動綺羅顏子巷深青草徧庾君樓迥碧山多甘心不及同年友臥聽行雲一曲歌

寄殷堯藩秀才

十載功名翰墨林爲從知已信沈沈青山有雪諳松性碧落無雲稱鶴心帶月獨歸蕭寺遠翫花頻醉庾樓深思君一見如瓊樹空把新詩盡日吟

贈河東虞押衙二首（永興公孫亦善□書）

長劍高歌換素衣君恩未報不言歸舊精（一作工）鳥篆諳書體新授龍韜識戰機萬里往來征馬瘦十年離別故人稀平生志氣何人見空上西樓望落暉

吳門風水落蘋流月滿花開懶獨游萬里山川分曉夢四鄰歌管送春愁昔年顧我長青眼今日逢君盡白頭莫向樽前更惆悵古來投筆總封侯

陵陽春日寄汝洛舊游

百年身世侶飄蓬澤國移家疊嶂中萬里綠（一作頃碧）波魚戀釣九重青漢鶴愁籠西池水冷春巖雪南浦（一作陌）花香曉樹風縱有（一作酌）芳樽心不醉故人多在洛城東

酬杜補闕初春雨中汎舟次橫江喜裴郎中相迎見寄

江館維舟爲庾公暖波微淥雨濛濛紅檣迤邐春巖下朱旆聯翩曉樹中柳滴圓波生細浪梅含香豔吐輕風郢歌莫問青山吏(一作客)魚在深池鳥在籠

送張厚淛東修謁

涼露淸蟬柳泊空故人遥指淛江東青山有雪松當澗碧落無雲鶴出籠齊唱離歌愁晚月獨看征櫂怨穮風定知洛下聲名士共説膺門得孔融

酬副使鄭端公見寄

一日高名徧九州玄珠仍向道中求郢中白雪慙新唱塗上青山憶舊游(端公頃在當塗縣青山別墅肄業余嘗守邑因來見知也)笙磬有文終易別珠璣無價竟難酬柳營迢遞風江闊夜夜孤吟月下樓

酬綿州于中丞使君見寄

故人書信越褒斜新意雖多舊約賒皆就一麾先去國共謀三逕未還家荆巫夜隔巴西月鄢郢春連漢上花半月離居猶悵望可堪垂白各天涯

春早郡樓書事寄呈府中羣公

兩鬢垂絲髮半霜石城孤夢繞襄陽鷓鴣幕裏蓮披檻虎豹營中柳拂牆畫舸欲行春水急翠簾初捲莫山長峴亭風起花千片流入南湖盡日香

元處士自洛歸宛陵山居見示詹事相公餞行之什因贈

紫霄峰下絶韋編舊隱相如結韤前（元君舊隱廬山學易常爲相國師服）月落尙留東閤醉風高還憶北窗眠江城夜別瀟瀟雨山檻晴歸漠漠煙一頃豆花三頃竹想因拋卻釣魚船

送元晝上人歸蘇州兼寄張厚二首

自卜閒居荆水幽（一作頭），感時傷别思悠悠。一尊酒盡青山莫，千（一作萬）里書回碧樹秋。深巷久貧知（一作長）寂寞，小詩多病尚（一作也）風流。晝公此去應相問，爲說沾巾（一作衣）憶舊游。

二年無事客吳鄉，南陌春園碧艸長。共醉八門回畫舸，獨還三徑掩書堂。前山雨過池塘滿，小院秋歸枕簟涼。經歲别離心自苦，何堪黄葉落清漳。

送陸拾遺東歸

獨振儒風（一作獨負才名）遇盛時，紫泥初出（一作降）世人知。文（一作封）章報主非無意，書劍還家素有期。秋寺臥雲移棹晚，莫江（一作天）乘月落帆遲。東歸自是緣淸興，莫比商山詠紫芝。

途經秦始皇墓

龍盤虎踞樹層層勢入浮雲亦是崩一種青山秋草裏路人唯拜漢文陵

題楞伽寺

碧煙秋寺汎湖來水浸城根古堞摧盡日傷心人不見石榴（一作楠）花滿（一作發）舊歌臺

湘南徐明府余之南鄰久不還家因題林館

湘南官滿不歸來高閣經年掩綠苔魚溢池塘秋雨過烏還洲島莫雲同階前石穩碁終局窗外山高酒滿杯借問先生在何處遠籬疏菊又花開

酬和杜侍御（并序）

河中杜侍御祇命本府自鍾陵舟抵漢上道出茲郡以某專使迎接先蒙雅什見貽竊慕清才輒酬和

花時曾省杜陵游聞下書幃不舉頭因過石城先訪戴欲朝
金闕暫依劉征帆夜轉鸕鷀穴一作嶠騁騎春辭鸛雀樓正把
新詩望南浦櫂歌應是木蘭舟

酬河中杜侍御重寄

五色如絲下碧空片帆還遶楚王宮文章已變南山霧羽翼
應摶北海風春雪預呈霜簡白曉霞先染繡衣紅十千沽酒
留君醉莫道歸心似轉蓬

贈何處士

東別茅峰北去秦梅仙書裏說知人白頭主印青山下雖遇
唐生不敢親

寄獻三川守劉公并序

余奉陪三川守劉公讌言嘗蒙詢訪行止因話一麾之任冀

成三逕之謀特蒙俯鑒丹誠尋許慰薦屬移居履道臥疾彌旬輒抒二章寄獻

三川歌頌徹咸秦十二樓前侍從臣休閒玉籠留鸞鷟早開金埒縱騏驎花深稺榻迎何客月在膺舟醉幾人自笑一作歎東風過寒食茂陵寥落未知春

半年三度轉蓬居錦帳心闌羨隼旟老去自驚秦塞雁病來先憶楚江魚長聞季氏千金諾更望劉公一紙書春雪未晴春酒貴莫教愁殺馬相如

送段覺之西蜀結婚

詞賦名高身不閑綵衣如錦度函關鏡中鸞影羅威去劍外花歸衛玠還秋浪遠侵黃鶴嶺暮雲遙斷碧雞山此時人問西遊客心在重霄鬢欲斑

長慶寺遇常州阮秀才

高閣晴軒對一峰毘陵書客此相逢晚收紅葉題詩徧秋待黄華釀酒濃山館日斜喧鳥雀石潭波動戲魚龍上方有路應知處疏磬寒蟬樹幾重

贈閑師

近日高僧更有誰宛陵山下遇閑師東林共許三乘學南國爭傳五字詩初到庾樓紅葉墜夜投蕭寺碧雲隨秋江莫惜題佳句正好磷磷見底時

東遊留别李叢秀才

煩君沽酒强登樓罷唱離歌説遠遊文字豈勞諸子重風塵多幸故人憂數程山路長儇驛千里家書動隔秋起凭闌干各垂淚又驅羸馬向東州

竹林寺別友人

騷人吟罷起鄉愁暗覺年光侶水流花滿謝城傷折□（一作共折）蟬鳴蕭寺喜同遊前山月落杉松曉深夜風濤枕簟秋明日分襟又何處江南江北路悠悠

送武處士歸章洪山居

形影無羣消息沈登門三繫血沾襟皇綱一日開冤氣青史千年重壯心知（一作卻）望烏臺春樹老獨歸蝸舍莫雲深何時縱有徵書去雪滿重山不可尋

題義女亭

身沒蘭閨道日明郭南尋得舊池亭詩人愁立莫山碧賈客怨離秋艸青四望月沈疑掩鏡兩檐花動認收屏至今鄉里風猶在借問誰傳義女銘

吳門送振武李從事

曉促離筵醉玉缸伊州一曲淚雙雙欲攜刀筆從新幕更宿煙霞別舊窗胡馬近秋侵紫塞吳帆乘月下清江嫖姚若許傳書檄坐築三城看受降

郊居春日有懷府中諸公并柬王兵曹

欲學漁翁釣艇新濯纓猶惜九衢塵花前更謝依劉客雪後空懷訪戴人僧舍覆棋消白日市樓賒酒過青春一山桃杏一作李同時發誰似東風不厭貧

同韋少尹傷故衛尉李少卿

客醉更長樂未窮似知身世一宵空香街寶馬嘶殘月暖閣佳人哭曉風未卷繡筵朱閣上已開塵席畫堂中何須更賦山陽笛寒月沈西水向東

舟行早發廬陵郡郭寄滕郎中

楚客停橈太守知露凝丹葉自秋悲（一作時）蠏螯祇恐相如渴鱸鱠應防曼倩飢風卷曙雲飄角遠雨昏寒浪挂帆遲離心更羨高齋夕巫峽花深醉玉巵

聞邊將劉皋無辜受戮

外監多假帝王尊威脅偏裨勢不存纔許誓心安玉壘已傷傳首動金門三千客裏寧無義五百人中必有恩卻賴漢庭多烈士至今猶自伏蒲輪

送薛秀才南游

姑蘇城外艸初凋同上江樓更寂寥遶壁舊塵風漠漠對窗寒竹雨瀟瀟憐君別路隨秋雁盡我離腸任晚潮從此艸玄應有處白雲青草一相招

夜歸孤山寺寄盧郎中

青山有志路猶賒，心在琴書自憶家。醉別庾樓山色滿，夜歸蕭寺月光斜。落帆露溼回塘柳，開院風驚滿地花。他日此恩須報得，莫言空愛舊煙霞。

贈桐廬房明府先輩

帝城春榜謫靈仙，四海聲華二十年。闕下書功無後輩，卷中文字掩前賢。官閒每喜江山靜，道在寧憂雨露偏。自笑小儒非一鶚，亦趨門屏冀相憐。

甘露寺感事貽同志

雲蔽長安路更賒，獨隨漁艇老天涯。青山盡日尋黃絹，滄海經年夢絳紗。雪憤有期心自壯，報恩無處髮先華。東堂舊侶勤書劍，同出膺門是一家。

游溪夜回寄道玄上人

南郭煙光異世間碧桃紅杏水潺潺猨來近嶺獼猴散魚下深潭翡翠閒猶阻晚風停桂檝欲乘春月訪松關幾回策杖終難去洞口雲歸（一作深）不見山

鷺鷥

西風淡淡水悠悠雪照絲飄帶雨愁何事歸心倚前閣綠蒲紅蓼練塘秋

夏日寄江上親友

雨過山前日未斜清蟬嘒嘒落槐花車輪南北已無限江上故人纔到家

漢水傷稼 并序

此郡雖自夏無雨江邊多穡油然可觀秋八月天清日朗漢

水汎溢人實爲災軫念疲羸因賦四韻

西北樓開四望通殘霞成綺月懸弓江村夜漲浮天水澤國秋生動地風高下綠苗千頃盡新陳紅粟萬箱（一作厥）空才微分薄憂何益卻欲回心學釣翁

酬江西盧端公藍口阻風見寄之什

又攜刀筆從膺舟藍口風高桂檝留還侶郢中歌一曲夜來春雪照西樓

客至（或作趙嘏詩）

得路逢津更俊才可憐鞍馬照春來殘花幾（一作落）日小齋閑大笑一聲幽抱開袖拂碧溪寒練繞冠欹紅樹晚裴徊相逢少（一作分）別更堪恨何必秋風江上臺

經李給事舊居

歸作儒翁出致君故山誰復有遺文漢庭使氣摧張禹口口
口口一作楚國懷憂送范雲楓葉暗時迷舊宅芳花落處認荒墳朱
絃一奏沈湘怨風起寒波日欲曛

丁卯集卷上

丹徒許體賡校

丁卯集卷下

五言雜詩

王居士

筇杖倚柴關都城賣卜還雨中耕白水雲外劚青山有藥身長健無機性自閒即應生羽翼華表在人間

早穐三首

遙夜汎淸瑟西風生翠蘿殘螢委玉露早雁拂金一作銀河高樹曉還密遠山晴更多淮南一葉下自覺老煙波

一葉下前墀淮南人已悲蹉跎靑漢望迢遞白雲期老信相如渴貧憂曼倩飢生公與園吏何處是吾師

薊北雁猶遠淮南人已悲殘桃間隨井新菊亦侵籬書劍豈相誤琴尊聊自持西齋風雨夜更有詠貧詩

金陵阻風登延祚閣

極目皆陳迹披圖問遠公戈鋋三國後冠蓋六朝中葛蔓交殘壘芒花沒後宮水流簫鼓絕山在綺羅空極浦千艘聚高臺一逕通雲移吳岫雨潮轉楚江風登閣愁漂梗停舟憶斷蓬歸期與歸路杉桂海門東

歲莫自廣江至新興往復中題峽山寺四首

夜醉晨方醒孤吟恐失羣海鰌潮上見江鵠霧中聞未臘梅先實經一作終冬草自薰樹隨山崦合泉到石稜分虎跡空林雨猨聲絕嶺雲蕭蕭異鄉鬢明日共絲棼

薄莫緣西峽停橈一訪僧鷺巢橫臥柳猨飲到一作倒垂藤水曲巖千疊雲重樹百層山風寒殿磬溪雨夜船鐙灘漲危槎沒泉衝怪石崩中臺一襟淚歲杪別良朋

密樹分蒼壁長溪抱碧岑海風聞鶴遠潭日見魚深松蓋環清韻榕根架綠陰南方大葉榕樹枝危者輒生根垂入地如柱大洞丁多斵石蠻女半淘金端州斵石塗涯縣淘金爲業南浦鶯春至西樓送月沈江流不過嶺何處寄歸心

月在行人起千峰復萬峰海虛爭翡翠溪邏鬪芙蓉南方呼市爲虛呼戍爲邏新州有翡翠盧芙蓉邏也古木高生斛陰池滿種松木斛花生於他樹槎枿池沼多松謂之水松也火探深洞鷰香送遠潭龍南方持火於乳洞中取燕而食康州悅城縣有溫媪龍即蛇也隨水往舟船至人家或千里外皆以香酒果送之藍鳴寒先燒禾堂晚併春種藍多在鳴中先燒其地人以木槽爲春不謂之春堂更投何處宿西峽隔雲鐘

曉發鄞江北渡寄崔韓二先輩

南北信多岐生涯半別離地窮山盡處江汎水寒時露曉蒹葭重霜晴橘柚垂無勞促回檝千里有心期

盈上人

月沈霜已凝無夢竟一作對寒鐙寄世何殊客脩身未到僧二毛梳上雪雙淚枕前冰借問曹溪路山多樹幾層

廣陵道中

城勢已坡陀城邊東逝波綠桑非苑樹青艸是宮莎山暝牛羊少水寒鳧雁多因高一囘首還詠黍離歌

宿開元寺樓

誰家歌褭褭孤枕在西樓竹色寒清簟松香染翠幬月移珠殿曉風遞玉箏秋日出應移棹三湘萬里愁

送湯處士反初卜居曲江

鴈門歸去遠垂老脫袈裟蕭寺休爲客曹溪便寄家綠琪千歲樹黃槿四時花別怨應無限門前桂水斜

發靈溪館

山多水不窮一葉似漁翁鳥浴寒潭雨猨吟莫嶺風雜英垂
錦繡眾籟合絲桐應有曹谿一作桃溪路千巖萬壑中

題杜居士

松偃石牀平何人識姓名溪冰寒棹響巖雪夜窗明機盡心
猨伏神閑意馬行應知此來客身世兩無情

神女祠

停車祠聖女涼葉下陰風龍氣石牀溼鳥聲一作鳴山廟空長
眉留桂綠丹臉寄蓮一作蘭紅莫學陽臺畔朝雲莫雨中

送李定言南游

酒酣輕別恨酒醒復離憂遠水應移棹高峰更上樓簟涼清
露夜琴響碧天秋重惜芳尊宴滿城無舊游

早發中巖寺別契直上人

蒼蒼松桂陰殘月半西岑素壁寒鐙暗紅鑪夜火深廚開山鼠散鍾盡嶺猿吟行役方如此逢師嬾話心

行次潼關題驛後軒

飛閣極層臺終南此路回山形朝闕一作岳去河勢抱一作入關來雁過穐風急蟬一作雞鳴宿霧開平生無限意驅馬任塵埃

晨至南亭呈裴明府

南齋夢釣竿晨起月猶殘露重螢依艸風高蝶委蘭池光穐鏡澈山色曙屏寒更戀陶彭澤無心議去官

灞東題司馬郊園

楚翁秦塞住昔事李輕車白社貧思橘青門老仰瓜讀書三逕艸沽酒一籬花更欲尋芝朮商山便寄家

游維山新興寺宿石屏邨謝叟家

晚過石屏邨邨長日漸易一作曛僧歸下嶺見人語隔溪一作江村有聞谷響寒耕雪山明夜燒雲家家扣銅鼓欲賽魯將軍魯肅廟

塞下

夜戰桑乾北秦兵半不歸朝來有鄉信猶自寄征衣

送從兄歸隱藍溪三首

名高猶素衣窮巷掩荆扉漸老故人少久貧豪客稀塞雲橫劍望山月抱琴歸幾日藍溪醉藤花拂釣磯

京洛多高蓋憐兄劇斷蓬身隨一劍老家入萬山空夜憶蕭關月行悲易水風無人知此意甘臥白雲中

鷟雁下穮塘田家自此忙移蔬通遠水收果待繁霜野碓舂

秔滑山廚焙茗香客來還有酒隨事宿茅堂

思歸

疊嶂平蕪外依依識舊邦氣高詩易怨愁極酒難降樹暗支公院山寒謝守窗殷勤樓下水幾日到荆江

晚泊七里灘

天晚日沈沈歸舟繫柳陰江村平見寺山郭遠聞砧樹密猨聲響波澄雁影深榮華暫時事誰識子陵心

蒜山津觀發軍

羽檄徵兵急轅門選將雄犬羊憂破竹貔武極飛蓬定繫一作擊猖狂虜何煩矍鑠翁更探黃谷略重振黑山功別馬嘶營柳驚烏散井桐低星連寶劍殘月讓雕弓浪曉戈鋋裏山晴鼓角中甲開魚照水旗颺虎拏風去想金河遠行知玉塞空

漢庭應有問師律在元戎黃石一作黃谷

寄題商洛王隱居

近逢商洛客知爾住南塘草閣平春水柴門掩夕陽隨蜂收野蜜尋麝采生香更憶前年醉松花滿石牀

晨裝一本作洛中

帶月飯行侶西游關塞長晨雞鳴遠戍宿雁起寒塘雲卷四山雪風凝千樹霜誰家遊俠子一作誰家歌舞散沈醉臥蘭堂

聞歌

新秋絃管清時轉遏雲聲曲盡不知處月高風滿城

題韋隱居西齋

劚藥去還歸家人半掩扉山風藤子落溪雨豆花肥寺遠僧來少橋危客過稀不聞砧杵動應解製荷衣

送李暝秀才西行

萬里不辭勞寒裝疊緼袍停車山店雨挂席海門濤鷹勢莫偏急鶴聲秋更高知君北卬路留劍泣黃蒿

馬鎮西故第

將軍久已沒行客自興哀功業山長在繁華水不迴亂藤侵廢井荒菊上叢臺借問此中事幾家歌舞來

重遊鬱林寺道玄上人院

藤杖叩松關春深劚藥還雨晴巢鸛急波暖浴鷗閒倚檻花臨水回舟月照山憶歸師莫笑書劍在人間

汎溪

疑與武陵通青谿碧嶂中水寒深見石松晚靜聞風遯迹騙雞吏冥心失馬翁纔應畢婚嫁還此息微躬

和李相國并序

豪賓客李相國見示和宣武盧僕射以吏部高尚書自江南赴闕貺大梨白鵰因贈五言六韻攀和

巨寶珍吳果，馴雛重越禽。摘來漁浦上，攜在兔園陰。霜合凝丹頰，風披斂素襟。刀分瓊液散，籠蔽雪花深。虎帳齊中設，龍樓洛下吟。含消兼受彩，應貴冢卿心。

洛東蘭若夜歸

一衲老禪牀，吾生半異鄉。管絃愁裏醉，書劍夢中忙。鳥急山初暝，蟬稀樹正涼。又歸何處去，塵路月蒼蒼。

送段覺歸杜曲閒居

書劍南歸去，山扉別幾年。苔侵巖下路，果落洞中泉。紅葉高齋雨，青蘿曲檻煙。寧知遠遊客，羸馬太行前。

寄天香寺仲儀上人富春孫處士（香一作鄉）

詩僧與釣翁千里兩情通雲帶雁門雪水連漁浦風心期榮辱外名挂是非中歲晚亦歸去田園淸洛東

雨後憶湖山居

前山風雨涼歇馬坐垂楊何處芙蓉落南渠秋水香

陪少師李相國崔賓客宴居守狄僕射池亭

池色似瀟（一作擬）三湘仙舟日正長鷺飛驚蛺蝶魚戲（一作躍）動鴛鴦雲聚（一作定）歌初轉風回舞欲翔暖醅松葉嫩寒粥杏花香羅綺留春色笙竽送晚光何須明月夜（一作下）紅燭在華堂

寄契盈上人

何處是西林疏鍾復遠砧雁來秋水闊鵶盡夕陽沈婚嫁乖前志功名異夙心湯師不可問江上碧雲深

晨起二首

桂樹綠層層風微煙露凝簷楹銜落月幃幌耿殘鐙蘄簟曙
香冷越缾秋水澄心閒即無事何異住山僧
殘月皓煙露掩門深竹齋水蟲鳴曲檻山鳥下空階清鏡曉
看髮素琴秋寄懷因知北窗客一作夙日與世情乖

洞靈觀冬青

霜散不凋色兩株交石壇未秋紅實淺經一作終夏綠陰寒露
重蟬鳴急風多鳥宿難何如西禁柳晴舞玉闌干

友人自荊襄歸江東新喪其偶

商洛轉江濆一杯聊送君劍愁龍失伴琴怨鶴離羣楚驛枕
秋水湘帆淩莫雲猨聲斷腸處應向雨中聞

冬日開元寺贈元孚上人二十韻

一鉢事南宗僧儀稱病客曹溪花裏別蕭寺竹前逢燭影深寒殿經聲徹曙鍾欲齋檐下一作睡鴿初定壁吟蛩詩繼休遺韻書傳永逸縱藝多人譽洽緣絕道情濃汲澗瓶沈藻眠階錫挂松雲鳴新放鶴池臥舊降龍露茗山廚焙霜秔野碓舂梵文明處譯禪衲暖時縫層塲題應徧飛軒步不慵繡梁交薜荔畫井倒芙蓉翠戶垂旗網朱窗列劍鋒寒風金磬遠晴雪玉樓重妙理三乘達清才萬象供山高橫睥睨灘淺聚艨艟微靄蒼平楚殘暉淡遠峰林疏霜摵摵波靜月溶溶劍出因雷煥琴焦遇蔡邕西方如有社支許合相從

送同年崔先輩

西風帆勢輕南浦徧離情菊豔含秋水荷花遞雨聲扣舷灘鳥没移棹艸蟲鳴更憶前年別槐華滿鳳城

山雞

珍禽暫不扃飛舞躍前庭翠網摧金距雕籠減繡翎月圓疑望鏡花暖侶依屏何必舊巢去山山芳草青

孤雁

昔年雙頡頏池上靄春暉霄漢力猶怯稻粱心已違蘆洲寒獨宿一作立楡塞夜孤飛不及營巢鷰西風相逐一作伴歸

寓懷

南國漸紗伴盈盈天下姝盤金明繡帶動一作鳳珮響羅襦素手怨瑤瑟清心悲玉壺春華坐銷落未忍泣蘼蕪一作未忍嫁狂夫

洛中游眺貽同志

康衢一望通河洛正天中樓勢排高鳳橋形架一作挂斷虹遠山晴帶雪寒水晚多風幾日還攜手鳥鳴花滿宮

夏日戲題郭別駕東堂

微風起畫鸞金翠暗珊珊晚樹垂朱實春篁露粉竿散香蕲簟滑沈水越瓶寒猶恐何郎熱冰生白玉盤

長安旅夜

久客怨長（一作良）夜西風吹雁聲雲移河漢（一作色）淺月汎露華淸掩瑟獨（一作必）凝思緩歌空寄情門前有歸路迢遞洛陽城

鸂鶒

池寒柳復凋獨宿夜迢迢雨頂冠應冷風毛劍欲飄故巢迷碧水舊侶越丹霄不是無歸（一作栖）處心高多寂寥

懿安皇太后挽歌詞

陵前春不盡陵下夜何窮未信金蠶老先驚玉鷰空挽移蘭殿月笳引柏城風自此隨龍馭喬山翠靄中

示弟

自爾出門去淚痕長滿衣家貧爲客早路遠得書稀文字何人賞（一作誰人重）煙波幾日歸秋風正搖落孤雁又南飛

送樓煩李別駕

琴清詩思勞更欲學龍韜王粲暫停筆呂虔初佩刀夜吟關月靜秋望塞雲高去去從軍樂鵰飛代馬豪

聞兩河用兵因貽友人

故人日已遠身事與誰論性拙難趨世心孤易感恩秋悲憐宋玉夜舞笑劉琨徒有干時策青山尚掩門

獻白尹（郎樂天也）

醉舞任生涯褐寬烏帽斜庾公先在郡疏傳蚤還家林晚鳥爭樹園春蜂護花高吟應更逸嵩洛舊煙霞

茅山贈梁尊師

雲屋何年客青山白日長種花春埽雪看籙夜焚香上象壺中闊平生夢裏忙幸承仙籍後乞取（一作與）大還方

聞薛先輩陪大夫看早梅因寄

澗梅寒正發莫信笛中吹素豔雪凝樹清香風滿枝折驚山鳥散攜任野蜂隨今日從公醉何人倒接䍦

送前緱氏韋明府南游

酒闌橫劍歌日莫望關河徧直去官早家貧爲客多山昏函谷雨木落洞庭波莫盡遠遊興故園荒薜蘿

看雪

松亞竹珊珊心知萬井歡山明迷舊逕溪滿漲新瀾客醉瑤臺曙兵防玉塞寒紅樓知有酒誰肯學袁安

江上讌別

雲物如故鄉山川異歧路年年未歸客馬上春欲莫一尊花下酒殘日水西樹不待管絃終揺鞭背花去

贈僧

心法本無住流沙歸復來錫隨山鳥動經附海船回洗足柳邊寺坐禪花委苔唯將一童子又欲上天台右二詩一本云趙嘏作

思天台

赤城雲雪深山客負歸心昨夜西齋宿月明琪樹陰

趨慈和寺移宴

高寺移清宴漁舟繫綠蘿潮平穐水闊雲斂莫山多廣檻停簫鼓繁絃散綺羅西樓半牀月莫問夜如何

送林處士自閩中道越由霅抵兩川

書劍少青眼風波初白頭鄉關背黎嶺客路轉蘋洲處困道
難固乘時恩易酬鏡中非訪戴劍外欲依劉高枕海天暝落
帆江雨秋鼉聲應遠鼓蜃氣學危樓智者役千慮達人輕百
憂雅聞陶靖節多在醉鄉遊

宣城贈蕭兵曹

桂楫謫湘渚三年波上春舟寒剡溪雪衣破洛城塵客道恥
搖尾皇恩寬犯鱗花時去國遠月夕上樓頻貪酒不辭病傭
書非爲貧行吟值漁父坐隱對樵人紫陌罷雙轍碧潭窮一
綸高歌更南去煙水是通津

留贈偃師主人

孤城滿未殘徒侶拂征鞍洛北去游一作愁遠淮南歸夢闌曉
鐙回壁暗晴雪卷簾寒更盡主人酒出門行路難

送南陵李少府

高人亦未閒來往楚雲間劍在心應壯書窮鬢已斑落帆穐水寺驅馬夕陽山明日南昌尉空齋又掩關

別韋處士

南北斷蓬飛別多相見稀更傷今日酒未換昔年衣舊友幾人多（一作在）故鄉何處歸秦原向西路雲晚雪霏霏

九日登樟亭驛樓

鱸鱠與蓴羹西風片席輕潮回孤島晚（一作遠）雲斂眾山晴丹羽下高閣黄花垂古城因穐倍多感鄉樹接咸京

再游越中傷朱餘慶先輩直上人

昔年湖上客留訪雪山翁王氏船猶在蕭家寺已空月高花有露煙合水無風處處多遺韻何曾入剡中

京口津亭送張崔二侍御

愛樹滿西津津亭墮淚頻素車應度洛珠履更歸秦水接三湘莫山通五嶺春傷離與懷舊明日白頭人

江樓夜別

離別奈情何江樓凝豔歌蕙蘭秋露重蘆葦夜風多深怨寄清瑟遠愁生翠蛾酒酣相顧起明月櫂寒波

送惟素上人歸新安

山空葉復落一逕下新安風急度谿晚雪晴歸寺寒尋雲策藤杖向日倚蒲團寧憶西游客勞勞歌路難

雪上宴別

山斷水茫茫洛人一作濱西路長笙歌留遠棹風雨寄華堂紅壁耿秋燭翠簾一作簷凝曉香誰堪從此去雲樹滿陵陽

下第別楊至之

花落水潺潺，十年離舊山。夜愁添白髮，春淚減朱顏。孤劍北游塞，遠書東出關。逢君話心曲，一醉灞陵閒。

尋戴處士

車馬長安道，誰知大隱心。蠻僧留古鏡，蜀客寄新琴。曬藥竹齋暖，擣茶松院（一作逕）深。思君一相訪，殘雪侶山陰。

放猨

殷勤解金鏁，昨（一作別）夜雨淒淒。山淺憶巫峽，水寒思建溪。遠尋（一作好依）紅樹宿，深向（一作入）白雲嘶。好覓來時路（一作便覓南歸路），煙蘿莫共迷（一作自迷）。

將離郊園留示弟姪

身賤與心違，秋風生旅衣。久貧辭國遠，多病在家稀。山暝客

初散樹涼人未歸西都萬餘里明旦別柴荊一作扉

夜歸丁卯橋邨舍

月涼風靜夜歸客泊巖前橋響犬遙吠庭空人散眠紫蒲低水檻紅葉半江船自有還家計南湖二頃田

題青山館即謝公館

昔人詩酒地芳艸思王孫白水半塘岸青山橫郭門懸巖碑已折盤石井猶存無處繼行樂野花空一樽

秋日白沙館對竹

蕭蕭凌雪霜濃翠異三湘疏影月移壁寒聲風滿堂捲簾秋更早高枕夜偏長忽憶南溪路萬竿□一作今正涼

春日題韋曲野老村舍二首

遶屋樹桑麻邨南第一家林緐樹勢直溪轉水紋斜竹□一作

院

晝看筍藥欄春賣花故園歸未得到此是天涯

背嶺枕南塘數家村落長鶯啼幼婦嬾蠶出小姑忙煙艸近溝溼風花臨路香自憐非楚客春望亦心傷

汎五雲溪

此溪何處路遙問白鬚翁佛廟千巖裏人家一島中魚傾荷葉露蟬噪柳枝風急瀨鳴車軸微波漾釣筒石苔縈棹綠山果拂舟紅更就前溪宿邨橋與剡通

崇聖寺別楊至之

蕭寺暫時（一作相）逢離憂滿病容寒齋秋少燕陰壁夜多蛩樹暗水千里山深雲萬重懷君在書信莫過雁回峰

途經李翰林墓

氣逸何人識才高舉世疑爾生狂善（一作解）賦陶令醉能（一作吟）

詩碧水鱸魚怨青山鵩鳥悲至今孤塚在荆棘楚江湄

嚴陵釣臺貽行宮一作侶

故人天下定歸釣碧巖幽舊迹隨苔古高名寄水流鳥喧羣木晚蟬急眾山秋更待新安月憑君暫駐舟

南樓春望

南樓春一望雲水共昏昏野店歸山路危橋帶郭邨晴煙和艸色夜雨長溪痕下岸誰家住殘陽半掩門

送無夢道人先歸甘露寺

飄飄一作颻隨晚浪杯影入鷗羣岸凍千船雪巖陰一寺雲夜鐙江北見寒磬浦西聞鶴嶺煙霞在歸期不羨君

閒居孟夏即事

綠樹蔭青苔柴門臨一作向水開簟涼初熟麥枕膩一作潤乍經

梅魚躍海風一作雲起鼉鳴江雨來佳人竟何處一作佳期今已晚日夕上樓臺

題灞西駱隱士

皤溪連灞水商嶺接秦山青漢不回駕白雲長一作空掩關雀喧和鶴靜晁戲識一作覺鷗閒卻笑南昌尉悠悠城市間

溪亭二首

溪亭四面山橫柳半溪灣蟬響螗螂急魚深翡翠閒水寒留客醉月上與僧還猶戀蕭蕭竹西齋未掩關

暖枕眠溪柳僧齋昨夜期茶香秋夢後松韻晚吟時共戲魚翻藻爭棲鳥墜枝重陽應一醉栽菊助東籬

穐日赴闕題潼關驛樓

紅葉晚蕭蕭長亭酒一瓢殘雲歸太華疏雨過一作落中條樹

色隨口一作關一作山迴河聲入海遥帝鄉明日到猶自夢漁樵別本作行次潼關逢魏特東歸首句云南北斷蓬飄下五句並同卒章云勞歌北分首風急馬蕭蕭

吳門送客早發

吳歌咽深思楚客怨歸程寺曉樓臺迥一作鍾聲遠江穠管吹清早潮低水檻殘月下山城惆悵回舟日湘南春草生

送太昱禪師

禪牀深竹裏心與徑山期結社多高客登壇盡小師早秋歸寺遠新雨上灘遲別後江雲碧南齋一首詩

旅懷

征車一作輪何軋軋南北極天涯孤枕易爲客遠書難到家鄉連雲外樹城閉月中花猶有扁舟思一作興前年別若耶

南亭與首公讌集

秋來水上亭幾處侶巖扃戲鳥翻紅葉游龜帶綠萍管絃心戚戚羅綺鬢星星行樂非吾事西齋尚有螢

早發壽安次永壽渡

□□一作東西車馬塵鞏洛與咸秦山月夜行客水煙朝渡人樹涼風浩浩灘淺石磷磷會待功名就扁舟寄此身

泊松江渡

漠漠故宮地月涼風露一作雲木幽雞鳴荒戍曉一作明雁過古城秋楊柳北歸路蒹葭南渡舟去鄉今已遠更上望東樓

送魚思別處士歸有懷

讌罷眾賓散長歌攜一枝溪亭相送遠山郭獨歸遲風檻夕雲散月軒寒露滋病來雙鬢白不是舊離時

維舟秦淮過温州李給事宅

給事爲郎日青溪醉隱□（一作衘）冰池通極餔雪逕遙高巖珠
玉□（一作砂）同見松梅墜共芰帝圖憂一失臣節恥三緘代有
王陵戇時無靳向懃定□（一作應）操直筆寧爲發空函霧黑連
雲棧風狂截海帆石梯迎雨潤沙井帶潮鹹蠟屐青筇杖籃
轝白厲衫應勞北歸夢山路正巉巉

丁卯集卷下 終

丹徒許體萃校

右唐許渾丁卯集汲古閣上下二卷本也予近年搜訪丁卯集鈔得元大德信安祝氏本明弘治洪洞鄭氏本並七言五言各爲一卷毛刻雖亦以七五言分卷而詩只二百九十八首少於元明本者至八九十首大德本三百九十二首弘治本三百八十六首上卷題曰七言雜詩下卷題曰五言雜詩其編次以律絕相雜與元明本二體類聚者又自不同自應別有所出提要以丁卯集晁氏讀書志二卷毛晉刊本亦二卷疑即晁氏所見之本而未敢質言予於丁卯集思南宋睦親坊陳宅刊本百宋一廛賦注南宋臨安府睦親坊陳宅刊本丁卯集二卷每半頁十行每行十八字不可得見即影宋寫本亦無從叚錄陸心源皕宋樓藏書志有寫本丁卯集二卷行款字數皆同賦注謂從宋本影寫但從士禮居題跋記言南宋丁卯集字畫方板題跋記卷三圖畫見聞志下云此宋刻殘本余所藏南宋書棚本如許丁卯羅昭諫唐人諸集字畫方板皆如是私謂毛本許集字體

彷彿似之而已後見黄蕘圃百宋一廛書錄許丁卯集下謂其家所儲藏有毛鈔影宋本上下兩卷始知毛氏原有影宋鈔本席選百名家集於丁卯集從元本出其與宋本異文者一一注出其明言宋本作某上卷七言詩四十六事下卷五言詩二十六事皆與汲古閣本相同其不同者只有三處上卷疾後與郡中羣公讌李秀才題疾下注云宋本作病今毛本作疾不作病下卷金陵阻風登延祚閣芒花沒後窩後下注云宋本作廢今毛本作後不作廢贈元孚上人詩欲齋檐睡鴿注宋本作鵒今毛本作鴿不作鵒此等或毛刻有誤亦或大小二文之有互易也

至七言近體詩一題酬邢杜二員外序云新安邢員外懷洛下舊居新定杜員外思關中故里下注云宋本有各蒙緘示因寄一詩以酬十字今汲古閣本正有此十字又七言律詩傷李秀才與臥疾二首七絕鷺鷥一首五言律詩山雞一首並注云元本闕見宋本今汲古閣本並有此四詩又七言

如新興道中下第有懷親友中秋寄大梁劉尙書晨起西樓共四題五言如贈蕭鍊師送從兄別駕歸蜀川秋夕宴李侍御宅晨自竹逕至龍興寺崇隱上人院南海使院對菊懷丁卯別墅重經姑蘇懷古二首寄郴州李相公共七題下並注云宋本闕今汲古閣本此十一題並無之則汲古閣本爲出於宋本益豁然無可疑矣百宋一廛書錄於丁卯集云此書末有義門跋云凡舊刻印久模糊處最忌以新本塡補此集有二葉板壞適心友有毛豹孫家藏本景鈔者對之補寫庶異於不知而作云竊意此眞宋本一旦出於人間或爲吾橫山草堂所有竟仿刻行世以餉吾邑人之佞宋者則私心之愉快又當何如此予刻汲古閣本所爲埋心引吭而有無窮之望也歲在强圉大荒落夏六月壬戌朔丹徒陳慶年跋

宋嘉定鎮江志二十二卷坿校勘記二卷

宣統庚戌孟秋刊于

金陵涉江震鈞署[illegible]

序

余家久藏宋嘉定元至順寫本鎮江志二部乃乾隆六十年宣城張木青學士（燾）所贈之書嘉慶間曾經進呈內府又錄兩副本一藏家中文選樓一藏焦山書藏以待有志者刊之良以二書有關於京口之掌故甚鉅也京口自東晉以來屹爲重鎮流民僑郡分併改隸都督開府參佐從事寄治版授建置紛煩以及宋之差遣元之掾屬讀史者憚於鉤稽往往沿譌襲謬今詳觀宋志於六朝僑寄郡縣縷析條分於節度觀察等官罷復紀之甚詳其刺守歷任年月於紀傳所不載者皆稽考得

其次序是故一人之傳必參酌羣書而後定如刺史韋損傳以唐地理志練塘碑及李華復練塘頌序招隱大律師碑參定都知兵馬使張子良等傳以新舊唐書李錡傳舊唐書憲宗紀通鑑太平廣記參定此例爲前此作郡志者所未有至於元至順志本承宋志而作然絕不勦襲其書宋志於刺守宰貳等官載至嘉定九年止而元志即從嘉定十年起其例尤爲可法土產門引說文廣雅字林方言等書亦地志中所僅見又二書於晉宋以來士大夫居宅墳墓皆詳其坊巷鄉都所在其作銘作記之人亦莫不羅列雖遺跡久湮而按籍考之猶

可得其彷彿後人性好簡略鮮有及此之詳明者其餘精當處亦不勝僂指二書洵海內之祕笈也乃問之鎮江人無肯栞之者余於送楊忠愍公墨蹟歸焦山記中巳慨乎言之去冬丹徒包景維（艮丞）介吳陶伯孝廉（文鑄）來謁余談次及之景維因言及其考中憲知有是書欲刻未果今願刊布以成先志余因出家中選樓本並發焦山書藏本（校竣仍還焦山）再加繙閱選樓本爲歸安嚴久能（元照）所校焦山本爲烏程張秋水（鑑）所校又丹徒戴桐孫（守梧）亦有籤記其中精確者致多然猶引其端未竟其緒復屬門下士劉孟瞻（文淇）暨其子伯山（毓崧）詳

考全書體例及所徵引各書正其譌誤作爲校勘記四卷附刻於後二書俱不著撰人姓名書錄解題有盧憲鎮江志宋志中稱憲者四條因其定嘉定志爲盧憲所作而至順志則不知出於誰手適丹徒柳賓叔孝廉興恩以書來告謂檢鎮江府志成化舊序知至順志爲俞希魯所作余按俞氏乃元末遺老爲金華宋濂所推若非刊刻此書烏知俞氏之學精密若是則刻書洵有功於古人也是書初刻時不知書中載包氏名人甚多乃校勘後知包氏爲丹徒舊族宋元二志人物門俱以漢大鴻臚包咸爲首厥後包融包何包佶俱有名於唐代

而元志俞庸修高資橋記亦言丹徒包氏不墜先業中憲名祥麟字厚村捐賑施藥頗多善舉實爲鴻臚之後雖此書朽蠹而班班可考然則是書之刻於包氏固天理當而人心安也刻既成余故樂爲序之以爲刻古書者勸

大清道光二十二年夏至日揚州

予告太子太保體仁閣大學士七十九叟阮元序

嘉定鎮江志二十二卷提要

宋盧憲撰宋史藝文志有熊克鎮江志十卷而無憲此書書錄解題云鎮江志三十卷教授天台盧憲子章撰文獻通考亦著錄之此書中稱憲者四條稱盧憲者一條故知是憲之書書中所載事蹟惟史彌堅最詳趙善湘次之攷彌堅以嘉定六年九月守鎮江八年九月請祠善湘以嘉定十四年十二月守鎮江十七年召還寶慶二年再任案元至順鎮江志學校門載教官盧憲嘉定癸酉謁廟事癸酉爲嘉定六年正彌堅守郡之日書當成於此時也此書不見於近代藏書家著錄所存卷

數與書錄解題不同中閒脫文錯簡往往而是案其目錄似於體例閒有未協蓋由原本已多譌脫經後人重爲編次小有牴牾固所不免然宋人地志之存於今者十不得一而鎭江自六朝以後遞爲重地南渡以前之遺文墜典如唐孫處元圖經祥符圖經潤州類集京口集之類世無傳本藉此以存厓略零圭碎璧尤可寶惜今從舊鈔本校正繕寫之

嘉定鎮江志目錄二十二卷

卷十三

刺守　晉徐州刺史　晉晉陵太守　宋南徐州刺史　齊南徐州刺史　梁南徐州刺史　陳南徐州刺史　宋齊梁行南徐州事　宋齊梁南東海太守　宋齊梁陳南蘭陵太守

卷十四

刺守　唐潤州刺史

五代潤州刺史

卷十五

刺守　宋太守

參佐　晉宋齊梁陳大小中正以下　晉宋齊梁陳長史司馬以下　晉宋齊梁陳別駕治中以下　宋迄陳郡丞　齊梁典籤

文學　唐副使行軍司馬以下

卷十六

嘉定鎮江志目錄終

嘉定鎮江志卷首

郡縣表

郡隸浙西仍唐舊也自唐而上餘千百載境土惟舊所隸則殊或屬會稽或屬吳郡或屬晉陵或屬江都或屬江東其分其併不可無致今推其世代質以傳記分畫爲郡縣表

	州郡	縣	封爵食邑	官
虞夏	地在揚州之域			
周				

春地屬吳後屬

秋越

齊慶封奔吳吳與之朱方魯哀公二十二年吳爲越所併屬越

屬楚

楚使屈伸圍朱方執慶封

秦屬會稽郡

丹徒 古谷陽

曲阿 古雲陽

漢

荊國 高帝六年

更名吳 十二年

入江都國 景帝四年

曲阿屬揚州

王莽改曲阿曰風美

後屬吳郡

漢

曲阿爲揚州治所

丹徒令

三國 吳

復曲阿爲雲陽

改丹徒爲武進

嘉禾三年

食曲阿丹徒曲阿長

二縣

孫韶

丹徒侯

孫桓

雲陽侯

朱據

徐陵亭侯
華覈

京下督
徐陵督

晉屬晉陵郡隸延陵

揚州

太康二年分曲阿之延陵鄉置

復雲陽曰曲阿
太康二年

揚州刺史

復武進曰丹徒
太康三年
晉陵郡統縣七
丹徒 曲阿 武進 延陵 毗陵 暨陽 無錫

東僑置徐州兗
晉州統僑郡
南東海 南琅邪 南東

徐州刺史
兗州刺史
徐兗二州刺

平南蘭陵臨淮淮陵南彭城南沛南清河南下邳南東莞南平昌南濟陰南濮陽南太平南泰山南濟陽南魯

南東海統縣七

居曲阿京口

史

監中軍留府事

晉陵內史

晉陵太守

長史

司馬

徐州別駕

徐州治中

宋南徐州

加州曰南徐永初二年江北爲南兗州江南爲南徐州元嘉八年

統僑郡十七統縣六十三

南東海南琅邪晉陵義興南蘭陵南東莞

南東海四縣郯丹徒朐利城

南徐州刺史

行南徐州事

南東海太守

臨淮淮陵
南彭城南
清河南高
平南平昌
南濟陰南
濮陽南太
山南濟陽
南魯

晉陵六縣
晉陵延
陵無錫
南沙
曲阿暨
陽

南彭城太守

南蘭陵太守

宋地理志十七郡各有太守考之列傳惟有南東海南彭城南蘭陵三郡太守

長史
司馬
南徐州别駕
南徐州治中
東海郡丞
丹徒令

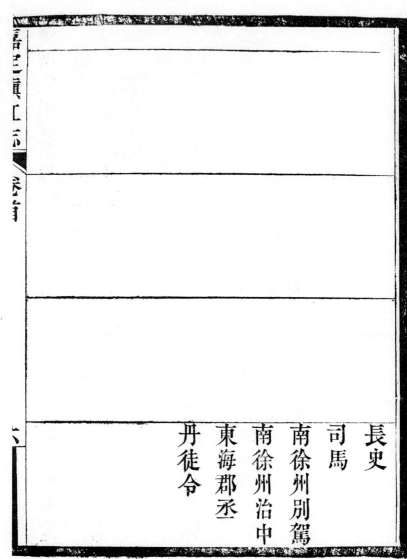

齊南徐州統僑統縣七十三

郡十六　省南蘭陵郡餘與宋同

南東海七縣　郯　祝其　襄賁　利城　西隰　丹徒　武進

晉陵七縣　晉陵　無錫　延陵　曲阿　暨陽　南沙　海陽

南徐州刺史

行南徐州事

監南徐州

南東海太守

南彭城太守

南蘭陵太守

長史

司馬

南徐州別駕

丹徒令

曲阿令

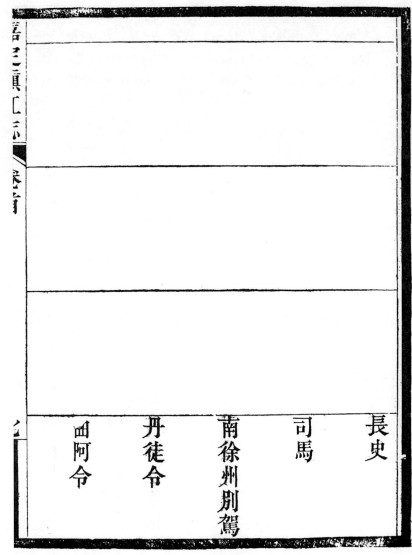

梁南徐州

隋志舊置南徐州南東海郡梁改曰蘭陵郡

統縣無考

梁無志故統縣不詳按寰宇記梁改曲阿爲蘭陵縣又隋志曲阿注有武進縣梁改爲蘭陵

南徐州刺史

知留府事

行南徐州事

監南徐州

南蘭陵大守

長史

司馬

南徐州別駕

南徐州治中

丹徒令

曲阿令

陳南徐州

統縣無考

隋志陳改蘭陵爲東海

南徐州刺史

監南徐州

南徐州別駕

東海郡丞

隋廢南徐州爲廢丹徒縣入延陵鎮屬蔣延陵併蘭陵

州

隋志陳有東海開皇九年州郡並廢

縣入曲阿

開皇九年

潤州

開皇十五年

金山府

開皇十五年郎今之金壇

	唐潤州
屬江都郡 大業三年廢潤州爲江都郡之延陵縣	武德三年 七年 屬江南道 貞觀元年
金山縣 大業末土人保聚爲之	統縣五 丹徒 曲阿 延陵 句容 白下 武德九年
	使持節大都督揚州常和
	潤州刺史

潤等十六州
諸軍事
貞觀二年
正月除越
王泰

白下更曰江
甯
貞觀九年
統縣六
金壇垂拱
四年置自
宋齊梁陳
爲延陵縣
之南界

中都督府

景雲二年

尋廢

屬江南東道

開元二十一年

丹陽郡

曲阿曰丹陽

兼按察使

兼採訪使

丹陽太守

天寶元年
屬浙江西道
乾元元年
丹陽軍
乾元二年
合浙江東西

割江甯句容
置昇州統縣
四
至德二載
廢昇州江甯
句容二縣來
屬
寶應元年

兼防禦使

二道置鎮海軍

建中二年

鎮海軍節度使

浙江東西道觀察等使

兼諸道鹽鐵轉運使

建中二年

至元十年十四年十五年

分浙江東西
道浙西治潤
貞元三年

浙西觀察使

鎮海軍節度
浙西觀察等
使

併丹陽軍爲
鎮海軍
元和五年
停鎮海軍額
元和六年
爾後節度
廢置不常

元和三年
太和八年
九年
乾符六年
景福二年
都團練觀察
處置等使
長慶二年
太和九年

乾符元年
鎮海軍節度
蘇杭常等州
觀察使
咸通元年
鎮海軍節度
蘇常杭潤觀

蔡處置江淮
鹽鐵轉運江
西招討等使
乾符四年
諸道行營兵
馬都統

乾符六年

再割江甯句容二縣置昇州
光啟三年

潤州制置使
文德元年

移鎮海軍額於杭州
光化元年

潤州團練使
天祐二年

潤州留後
長史
司馬
金壇令

五代 淮南吳楊氏 南唐李氏

鎮海軍
後梁貞明元年

浙西觀察使

潤州觀察使
後梁開平二年四年

鎮海節度使
後梁貞明元年

徙鎮海軍治
所於昇州
貞明四年

後晉天福
八年
開運三年
兩浙都招討
使
貞明元年
潤州團練使
貞明三年
權潤州團練
事

貞明四年
諸道副都統
鎮海節度使
後唐長興
二年
宣潤節度使
天福元年
鎮海留後
天福三年
四年

宣潤二州大
都督
乾祐三年
使持節都督
潤州諸軍事
宣歙常潤等
道安撫使

潤州監軍使
權領州事
潤州節度留
後

聖
朝

鎮海軍
開寶八年詔改鎮海軍爲鎮江軍

元統縣四
丹徒 丹陽 金壇 延陵

潤王
太宗子商王元份自陳王改封
鎮江軍節度使

常潤經略巡檢使
知潤州軍州事

後統縣三

熙甯五年廢延陵縣爲鎮屬丹陽而析其地

太宗子越王元傑楚王元偁領

潤州管內觀察使

皇兄海州防禦使仲佺見王莊定存集

潤王

英宗子顏

潤州升鎮江府

政和三年

浙西安撫司

鎮江軍節度使

徽宗皇帝

知鎮江軍府事

潤國公

徽宗子樅

浙西安撫使

建炎三年

安撫大使司
建炎四年

沿江安撫司
紹興五年
兼十二年
解罷

安撫大司

沿江安撫使

通判

知縣事

縣令

嘉定鎮江志卷首終

嘉定鎮江志卷一

地理

敘缺

敘郡

潤爲丹楊郡自唐天寶元年始郡名一也新唐書從木作楊舊唐書通典從阜作陽聖朝樂史太平寰宇記云今字從木爲稱按唐永泰二年潤州練塘石刻江淮轉運使劉晏奏狀備潤州刺史韋損及耆舊等狀內丹楊縣字並從木按前漢地理志丹楊郡武帝元封二年改秦鄣郡曰丹楊領縣十七九域志引江南地志云漢丹楊郡

北有赭山丹赤故名至晉地理志丹楊郡領縣十一注云丹楊內多赤柳在西故名漢丹楊郡治宛陵晉丹楊郡治建鄴其治所雖各不同按吳地志自句容以西屬鄣郡以東屬會稽郡則漢晉所治皆故鄣境今之潤境疑非赭土赤柳之舊然自唐天寶元年改潤曰丹楊郡何也蓋武德九年以後至德二載以前江甯句容並屬潤州二縣卽丹楊故地天寶因爲郡名逮至德間割出潤之江甯句容增以宣之溧水溧陽建爲昇州自是丹楊之名雖存於潤要非昔之丹

楊矣指掌圖曰潤州鳩茲按左氏春秋襄公三年楚子重伐吳克鳩茲杜預注在蕪湖縣東今皐夷也又前漢書志蕪湖屬丹陽郡又按姑孰志鳩茲在蕪湖縣東四十里春秋時吳邑杜預注爲皐夷輿地志爲皐茲皆古鳩茲地攷此則指掌圖以鳩茲隸潤特據丹楊故地以書耳

鎮江府在禹貢周職方氏爲揚州之域春秋時屬吳謂其地爲朱方吳滅屬越越滅屬楚詳見郡縣表

秦置會稽郡丹徒曲阿二縣屬焉二縣始末具敘

漢初爲荆國荆王賈都於此後更爲吳會稽郡高帝六年爲荆國十二年更名吳本紀六年以故東陽郡鄣郡吳郡立劉賈爲荆王文穎注曰東陽今下邳也鄣郡今

丹楊也吳郡本會稽也十二年詔以荆王地立吳王寰宇記今郡城中賈墓尚存景帝四年屬江都屬揚州寰宇記云吳王濞誅以其地併入江都國

後漢屬吳郡順帝分會稽置吳郡統丹徒曲阿吳孫權徙丹徒謂之京城亦曰京口亦曰徐陵元和郡縣圖志後漢獻帝建安十四年孫權自吳理丹徒號曰京城今州是也按州理古名京城說者以爲荆王劉賈嘗都之或言孫權居之故名京城今按荆字既不同又孫權未稱尊號已名爲京則兩說皆非也按京者人力所爲絶高邱也亦云非人力所爲者人力所爲者若公孫瓚所

築易京是也非人力所爲者滎陽京索是也今地名徐陵即此京非人力所爲也京上郡城城前浦口即是京口吳志曰漢獻帝興平二年孫策創業江東使將軍孫河領兵屯京地是也吳志又云魏將臧霸以輕船五百敢死萬人襲徐陵攻燒城墅即吳時或稱京城或稱徐陵或稱丹徒其實一也寰宇記按南徐州記云京口先爲徐陵其地葢丹徒縣之西鄉京口里也權都秣陵置京都督以鎭建安十六年遷都秣陵復於京口置京督以鎭焉吳志京都所統蕃衞尤要天紀三年陶濬爲徐陵督孫皓傳孫楷以武衞大將軍臨成侯代弟孫越爲京

下督（孫韶傳）顧承領京下督（本傳）

晉平吳屬毗陵郡晉志毗陵郡統丹徒曲阿武進延陵毗陵暨陽無錫七縣元帝渡江都建鄴乃於京口僑置徐兗州永嘉之亂兗州淪沒徐州所得惟半流人相率渡江淮者帝並立僑郡縣司牧之徐兗二州或居江南或居江北後雖徐州或鎮下邳或鎮盱眙姑孰然皆置留局於京口（此參攷元和郡縣圖志及寰宇記姑孰志以書）時號爲北府（北府事互見郗超王恭劉牢之等傳）

京口在建鄴東北名爲北府亦猶姑孰在國南名爲南州（國南本晉陽秋以書）桓溫移鎮姑孰上疏北伐百官皆於

南州祖道是也他如西州本府之稱皆北府類

宋元嘉中以南徐州治京口南兖州治廣陵志元嘉八年以江北爲南兖州江南爲南徐州治京口文帝紀元嘉八年割江南及揚州晉陵郡屬南徐州元嘉三十年春正月戊寅以南兖州併南徐州孝武紀元嘉三十年六月庚午還分南徐立南兖州大明七年正月癸巳割吳郡屬南徐州明帝紀泰始四年冬十月甲戌割揚州之義興郡屬南徐州自吳至陳皆爲重鎮

隋平陳廢南徐州爲延陵鎮屬蔣州旣又改爲潤州尋廢六朝事迹編類隋廢丹楊郡乃於石城置蔣州寰宇

記隋廢南徐州爲延陵鎮移名於京口爲延陵縣屬蔣州開皇十五年罷延陵鎮以蔣州之延陵永年常州之曲阿三縣置潤州於鎮城葢取州東潤浦以立名大業三年廢江都郡之延陵縣爲丹徒徙延陵還治故縣屬茅州

唐武德初復曰潤州隋氏喪亂杜伏威竊據其地武德三年伏威歸國置潤州於丹徒縣改隋延陵縣爲丹徒移延陵還治故縣屬茅州六年輔公祏反復據其地七年賊平又置潤州領丹徒縣太宗元年分天下爲十道潤隷江南景雲二年爲中都督府尋罷始置二十四都

督府察諸州刺史善惡揚益并荆四州爲大都督府潤汴兗魏冀蒲綿秦洪越十州爲中都督府皆正三品時以爲權重難制尋罷之惟四大都督府如故置十道按察使道各一人中嘗治潤潤州刺史韋銑李濬兼按察使開元二十一年又分天下爲十五道江南東道潤爲會府東道十五州丹陽晉陵吳郡餘杭會稽餘姚東陽新定新安長樂清源建安臨汀漳陽潮陽陽字依通典潤州類集補遺云東道潤爲會府蓋至德以前未有浙東西路其制如此故時人多以京口爲江東每道置採訪使治所無常刺潤者嘗領其職採訪使或治蘇或治杭或治常或治潤潤州刺史齊澣劉日正徐嶠兼領天

寶元年改潤爲丹楊郡楊字依新唐書潤州類集天寶之後謂丹陽者潤州或曲阿非二漢六朝之丹陽也
兼防禦使舊唐書德宗紀丹陽太守劉彙
兼乾元元年又爲潤州時始隸浙江西道新唐書方鎮
表乾元元年置浙江西道節度兼江甯軍使領昇潤宣
歙饒江蘇常杭湖十州治昇州建中二年以鎮海軍節
度使治潤其後兼江淮轉運使及度支諸道鹽鐵轉運
等使以重其權新唐書方鎮表大歷十四年合浙江東
西道置都團練觀察使建中元年分浙江東西道都團
練觀察使爲二道二年合浙江東西二道觀察置節度
治潤州尋賜號鎮海軍節度資治通鑑載建中二年六

月庚寅以浙江東西觀察使蘇州刺史韓滉爲潤州刺史浙江東西節度使名其軍曰鎮海興元元年十二月庚辰加滉平章事江淮轉運使貞元二年十二月丁巳以滉兼度支諸道鹽鐵轉運等使貞元三年更爲浙西觀察使理所新唐書方鎮表貞元三年分浙江東西爲二道復置浙江西道都團練觀察使領潤江常蘇杭湖睦七州治蘇州

今按資治通鑑貞元三年二月戊寅鎮海節度使同平章事充江淮轉運使韓滉薨分浙江東西道爲三浙西治潤州浙東治越州宣歙池治宣州各置觀察

使以領之又按舊唐紀貞元三年二月以白志貞爲潤州刺史浙西觀察使皇甫政爲越州刺史浙東觀察使八月以劉贊爲宣州刺史宣歙池觀察使與通鑑合而方鎮表云分二道治蘇州恐是誤書葢自白志貞理潤王緯李若初諸公相繼皆在潤州元不曾徙治蘇州也時所統僅六州貞元三年浙江東西旣分爲三四年又割江州隸江西觀察使故統六州非韓滉時事權比矣元和郡縣圖志潤州今爲浙西觀察理所管州六潤州常州蘇州杭州湖州睦州節度觀察迭有廢置鹽鐵轉運間亦帶領王緯李若初李

錡高駢領鹽鐵轉運使後升爲望州會昌四年五月潤州宣州越州常州並升爲望州唐季常爲重鎮又有制置團練招討等使自唐文德至於五代有制置使團練使招討使諸道都統權團練事大都督安撫使權領州事節度觀察留後官稱不一並具刺守類光化初鎮海軍額始移於杭新唐書方鎮表景福二年徙鎮海軍節度使治杭州按通鑑考異於景福二年九月錢鏐爲鎮海節度使之下引實錄云仍徙鎮海軍額爲杭州按吳越備史是歲錢鏐初除鎮海節度使猶領潤州刺史至光化元年始移鎮海軍於杭州實

錄誤也五代史錢鏐世家所載與通鑑同今依考異以書

南唐有潤仍領鎮海通鑑天成四年長興二年並載徐知詢領鎮海節度使南唐書亦云知詢復起爲潤州節度故杭潤二州皆有鎮海軍額

宋改鎮海軍爲鎮江軍長編開寶八年九月戊寅唐將劉澄守潤請降會要十月二十日詔曰鎮海之號丹徒舊軍自浙西之未平命餘杭而移置爰茲尅復方被化條宜別賜於軍名用永光於戎閫其潤州舊號鎮海軍宜改爲鎮江軍大觀改元爲浙西望郡大觀元年尙書

省因臣僚上言裁定浙西以杭州爲帥府潤州爲望郡浙東以越州爲帥府明州爲望郡政和中以徽宗潛邸陞府紹聖三年拜平江鎭江軍節度使政和三年知潤州林虞奏陛下以平江鎭江兩鎭節度使出閤望依平江府例改爲府額是時乞陞府表其略曰鐵甕名城朱方要地疆連江左吳王之封略猶存壤接淮南藝祖之蹕聲猶在山川氣旺人物英多發爲濬哲之祥基作肇興之迹又曰皇帝陛下欽明堯德文命禹功方遵養於潛宮嘗啟封於巨鎭發揮德意宣布訓辭念阻見於吏民特申揚於忠孝龍蟠鳳翥判然妙筆之華玉振金聲

覩若仁言之厚穉艾歡呼者千里都邑歌頌者十年皆言正始於舊都由此入膺於大統苴茅胙土伏惟明詔俯頒嘉音肇錫以上崇於國體以下慰於民心八月丁丑詔曰朕承祖宗令德休緒坐明堂而朝萬寓尺地一民悉有悉臣眷惟丹陽在國南服粤自紹聖初建我家若稽累朝以潛邸之舊藩建大府之美號凡所以侈受命之丕基為邦人之顯慶也肆朕御極以來所宜詒故實以孚明命者或未遑焉斯豈朕志哉聿新府名用詔萬世可陞潤州為鎮江府建炎南渡為浙西安撫司建炎三年八月詔浙西安撫司移於鎮江仍改杭州為臨

安府帶管內安撫使紹興乙卯兼沿江安撫壬戌始解兼職紹興五年閏三月詔臨安府依舊帶浙西安撫鎮江府帶沿江安撫既而守臣劉甯止請撥常州江陰軍及崑山常熟二縣屬沿江安撫司從之十二年冬十月詔鎮江府依沿海制置使例罷帶沿江安撫使

潤在唐初凡統縣六至德以後割出江甯句容兩縣爲昇州而所統纔四縣寶應初廢昇州縣再來屬光啟中復置昇州縣再割出

宋熙甯又廢延陵一縣爲鎮今統縣三

此上缺梁改屬蘭陵郡

陳復屬東海

隋廢郡縣爲延陵屬江都此下鈌

子目鈌

今之郡境當參考前代寄治郡邑以書蓋自漢晉以來壤界名稱雖有殊異而治所互有關屬謂如揚州治曲阿徐兗州治京口晉陵郡徙治丹徒南東海郡屬南徐治下南泰山之廣平寄治丹徒他如南蘭陵等郡縣間有可考盡以前史之互見者備載焉

揚州治曲阿

漢末劉繇爲揚州刺史州舊治壽春時壽春已爲袁術

所據繇乃渡江治曲阿孫策東渡繇奔丹徒孫策劉繇傳參定
唐元和郡縣圖志劉繇城在丹陽縣西南二百四十步
繇來建城號令江南衆數萬人孫策東略繇奔豫章六
朝事迹編類序初漢置揚州本理曲阿晉永嘉中移州
城在江甯縣城東偏西州橋渡水西北

徐兖州治京口

晉惠帝之末兖州闔境淪没遺黎南渡元帝僑置兖州
寄居京口明帝以郗鑒爲刺史寄居廣陵後改爲南兖
州或還江南或居盱眙或居山陽後始割地爲境常居
廣陵南與京口對岸晉志兖州晉元帝渡江之後徐州所得

惟牟瑯琊國人隨帝過江者置懷德縣及瑯琊郡以統之是時幽冀青并兗五州及徐州之淮北流人相率過江淮帝並立僑郡縣司牧之明帝又立南沛等郡屬徐兗二州或居江南或居江北或以兗州領州郗鑒都督青兗二州諸軍事兗州刺史加領徐州刺史鎮廣陵蘇峻平後自廣陵還鎮京口晉志徐州自中原亂離並僑置牧司在廣陵丹徒南城非舊土也晉志揚州

宋志中原亂北州流民多南渡晉成帝立南兗州寄治京口宋文帝元嘉八年始割江淮間為境治廣陵十八年以後省併南兗州七郡二十三縣屬南徐州三十年

省南兗州併南徐其後復立還治廣陵宋志南兗州永嘉大亂幽冀青并兗州及徐州之淮北流民相率過淮亦有過江在晉陵郡界者晉成帝咸和四年司空郗鑒又徙流民之在淮南者於晉陵諸縣其徙過江南及留在江北者並立僑郡縣以司牧之徐兗二州或治江北又僑立幽冀青并四州晉安帝義熙七年始分淮北爲北徐淮南猶爲徐州後又以幽冀合徐青并合兗宋武帝永初二年加徐州曰南徐而淮北但曰徐文帝元嘉八年更以江北爲南兗州江南爲南徐州治京口割揚州之晉陵兗州之九郡僑在江南者屬焉故南徐州備有徐

兗幽冀青并揚七州郡邑宋志南徐州

齊志晉元帝渡江建興四年揚聲北討遣宣城公褚裒督徐兗二州鎮廣陵其後或還江南然立鎮自此始明帝太甯三年郗鑒爲兗州鎮廣陵後還京口後桓元以桓宏爲青州鎮廣陵義熙二年諸葛長民爲青州徙山陽時鮮卑接境長民表云犬羊侵暴鈔掠滋甚乃還京口晉末以廣陵控接三齊故青兗同鎮宋永初罷青并兗三年檀道濟始爲南兗州廣陵因此爲州鎮齊志南兗州

以晉宋齊三志參考京口自晉元南渡爲僑徐州所理僑徐州依寰宇記立文兗州亦僑置於此晉武帝兗加南字

嘗治京口晉末諸葛長民又自山陽來鎮其南兖還
鎮廣陵則自宋檀道濟始
晉陵郡徙治丹徒
晉志揚州立毗陵郡統縣七 丹徒 曲阿 武進
延陵 毗陵 暨陽 無錫
宋志晉陵太守吳時分吳郡無錫以西爲毗陵典農校
尉晉武帝太康二年省校尉立以爲毗陵郡治丹徒後
復還毗陵東海王越世子名毗而東海國故食毗陵永
嘉五年帝改爲晉陵始自毗陵徙治丹徒太興初郡及
丹徒縣悉治京口郗鑒復徙還丹徒安帝義熙九年復

還晉陵本屬揚州宋文帝元嘉八年度屬南徐領縣六

晉陵令 延陵令晉武帝太康二年分曲阿之延陵鄉立 無錫令 南沙令 曲阿令晉武帝太康二年復雲陽曰曲阿 暨陽令

齊志南徐州領郡十六晉陵郡領縣七 晉陵 無錫 延陵 曲阿 暨陽 南沙 海陽以宋志參校添置海陽一縣

自晉武帝太康二年晉陵郡治丹徒中雖還治毗陵而懷帝永嘉五年以後迄安帝義熙九年以前皆治京口丹徒至宋齊間延陵曲阿二縣猶隸晉陵郡

南東海郡屬南徐治下

晉志徐州云元帝割吳郡之海虞北境僑立郯朐利城

況其宋志作祝其原邱西隰襄賁七縣寄居曲阿以江乘置南東海等郡屬南徐州穆帝時移南東海七縣出居京口

按宋志晉安帝義熙七年分淮北爲北徐州淮南但爲徐州時未嘗有南徐州之號自宋武帝永初二年始加徐州曰南徐淮北曰徐州宋志甚明白今考晉志云元帝以江乘置南東海等郡屬南徐州考之晉史帝紀列傳載記並無南徐州文惟譙敬王恬傳有都督徐州南北郡軍事及參以武帝本紀太元十三年止云譙王恬爲鎮北將軍青兗二州刺史不言徐

州本紀固爲疏略恬傳亦止云徐州之南北郡未嘗明言南徐州也意筆晉史者但見京口爲南徐州遂誤加南字於徐州之上所以樂史寰宇記亦云元帝渡江爲南徐州葢仍晉志以書

宋志南東海太守晉元帝初割吳郡海虞縣之北境爲東海郡立郯朐利城三縣而祝其襄賁等縣寄治曲阿穆帝永和中郡移出京口郯等三縣亦寄治於京宋文帝元嘉八年立南徐以東海爲治下郡以丹徒屬焉元嘉後省併領縣四　郯令漢舊名元嘉八年分丹徒之峴山爲境　丹徒令晉屬毗陵宋孝武大明末度屬此

朐令漢舊名晉江左僑立宋孝武分郯西界爲之
利城令漢舊名晉江左僑立宋文帝世與郡俱爲實土
齊志南徐州鎮京口領郡十六內南東海郡領縣七
郯　祝其　襄賁　利城　西隰　丹徒　武進
宋以丹徒一縣析爲南東海四縣至齊省朐縣添置
祝其襄賁西隰武進四縣
南泰山南蘭陵等郡
晉志明帝立南泰山等郡屬徐兗二州
宋志南泰山太守宋永初郡國有廣平寄治丹徒領廣
平易陽曲周三縣文帝八年省廣平郡爲廣平縣屬南

泰山

按宋志南徐州刺史領郡十七南東海南琅琊晉陵義興南蘭陵南東莞臨淮淮陵南彭城南清河南高平南平昌南濟陰南濮陽南泰山濟陽南魯郡皆晉南渡後僑置並隸徐州宋因之除晉陵南東海二郡可以詳考治所實在丹徒如南泰山郡雖曰寄治丹徒境界亦不明白餘郡惟南琅琊明在古之江乘義興郡明在古吳興之陽羨丹陽之永世臨淮郡明在古之廣陵外餘皆不可詳其治所惟南蘭陵郡考之寰宇記則於潤州丹陽縣云梁改爲蘭陵縣於常之

武進則云晉太康二年分丹徒曲阿二邑地立武進縣梁武帝改爲蘭陵縣唐元和郡縣圖志於常之武進縣則曰晉武別置武進縣於丹陽縣東五十里梁武改武進爲蘭陵入晉陵至唐垂拱二年方析晉陵西界立武進縣於州治南蘭陵治所以元和志里數計之在丹陽縣東呂城鎮上下分明宋南蘭陵郡領蘭陵令至梁廢南東海郡爲南蘭陵郡其治所亦移置京口陳復置南東海郡而南蘭陵郡治所又歸元置處此其始末也餘郡縣雖不可詳考然今丹徒縣有高平鄉平昌鄉安知非晉宋間僑立南高平郡南

平昌郡至今猶爲鄉名乎六朝事迹編類於琅琊郡城之下引南徐州記云江乘南岸蒲洲津有琅邪城今句容縣有琅琊鄉亦其地也按此則高平鄉平昌鄉與琅邪鄉實相類矣

子目　缺

敘　缺

史記斗江湖牽牛婺女揚州漢志吳地斗分野後漢志自斗十一度至婺女七度一名須女曰星紀之次於辰在丑今吳越分野晉天文志自南斗十二度自須女七度爲星紀吳越之分屬揚州丹楊八斗十六度會稽八

牛一度又地理志引春秋元命包云牽牛流爲揚州分爲越國唐志潤昇常蘇湖杭睦等郡爲星紀分

按宋書周朗字義利世祖即位普責百官讜言朗上書內一項言寄土州郡宜通廢罷舊地名戶應更置立豈吳邦而有徐邑揚境而宅兗民上淆辰紀下亂畿甸其地如朱方者不宜置州土如江都者應更建邑書奏忤旨自解去職葢自晉惠之末古徐兗淪沒遺黎南渡江左僑置徐兗至宋加南字於上徐治京口兗治廣陵要之古兗州壽星之次於辰在辰古徐州降婁之次於辰在戌其與古揚州吳越分野實爲

不同周朗上滑辰紀之言固不爲過然一時僑置州名雖少更易而辰紀在天初不因是而滑紊朗亦未爲通論也以天文考之郡境在斗牛之間晉隆安五年正月書太白晝見在斗三月書流星西經牽牛至六月書海寇孫恩至京口宋大明六年八月書月入南斗魁中占曰吳越有憂至明年揚南徐州大旱田穀不收審此則天道雖遠其應亦不虛夫

子目　缺

敘　缺

宋志南徐州去京都水二百四十陸二百京都建鄴也

隋志京口東通吳會南接江湖西連都邑亦一都會

唐元和郡縣圖志　西北至上都二千六百七十里

西北至東都一千八百一十里　東南至常州一百七十里　北渡江至揚州七十里　正北微西至宣州四百里

杜佑通典　東至晉陵郡一百七十五里　南至宣城郡四百五十里　西至廣陵郡六合縣四百五十三里　北至廣陵郡六十三里　東南到晉陵郡一百九十六里　西南到宣城郡界四百五十里　西北到廣陵郡六十三里　東北到廣陵郡界四十五里　去西京

二千六百四十二里去東京一千七百九十八里

宋祥符圖經　東西一百六十里　南北二百一十七里

九域志　去京一千七百五十里　東至江十里　西至本州界四十里自界首至江甯府一百四十里　南至本州界二百十七里自界首至江甯府二百里　北至江二里　東南至本州界一百二十里自界首至常州五十一里　西南至本州界八十里自界首至江甯府一百里　東北至江八里　西北至本州界四十里自界首至江甯府一百五十里

樂史太平寰宇記　西北至東京一千四百里　西北至西京一千八百二十里　西北至長安二千六百七十里　東至常州一百七十里　南至宣州四百五十里　西至揚州六合縣四百五十三里　北渡江至揚州六十三里　東南至常州一百九十六里　西南至昇州一百八十里　西北隔江至揚州一百八十里　東北至揚州四十三里

今之郡境宜並依寰宇記書東至行在所七百二十里

丹徒縣　東西五十里　南北七十里

丹陽縣　東西五十三里　南北六十五里

金壇縣　東西一百里　南北九十里

嘉定鎮江志卷一終

嘉定鎮江志卷二

總目 缺

城池

唐太和中王璠爲浙西觀察使鑿潤州外隍事見本傳又稽神錄云璠廉問丹陽因溝其城鑿深數尺得石有銘事見刺守類又通鑑乾符中周寶爲鎮海節度築羅城二十餘里然後繕城浚隍其來久矣

丹徒縣

羅城周迴二十六里十七步高九尺五寸今頹圮舊有

一十門東二門北曰新開南曰青陽南三門東曰德化正南曰仁和西曰鶴林西二門南曰奉天北曰朝京北三門西曰來遠東曰利涉次東曰定波按太平廣記周寶治城隍至鶴林門內得古冢又本傳寶至青陽門出奔則唐乾符間已有鶴林青陽二門新開來遠久廢今僅存八門東曰青陽西曰登雲還京淳熙戊申守臣顯學張子顏改朝京曰還京南曰鶴林仁和通吳奉天號通吳北曰利涉定波

按王莊定存還鎮江詩倦客歸來故國春北樓千尺絕飛塵江山豪偉增人氣城壁蕭條類此身又登北固詩晚登北固頂俛視南徐城廢壘何茫茫山川迴縱橫蓋當時所覩如此積廢弗治因仍逮今輔以諸

軍私開土門出入自便啟閉非時所謂限中外戢奸
暴謹譏征者寖弛亡禁嘉定甲戌守臣待制史彌堅
乃創修羅城諸門廢土門之可廢者固圍周密邦人
賴之記曰重門擊柝以待暴客著於易折柳樊圃狂
夫瞿瞿詠於詩城郭關扃之設所以嚴邦守杜姦萌
也南徐會府内拱行闕北門筦鑰委重在茲軍民廬
井星列棊布子城僅周府寺而外無羅郭舊嘗築垣
設門薄示禁防自御前分屯七軍十有七寨其倚郭
者各爲門以便出入而居民參錯亦闌出自如千徑
萬隧散無有紀郡之西北直際大江無復横草之限

剽劫閭閻往歲薦有鼠聚鳥散蹤跡易失爲守者葢通病之將大築其城則役鉅費廣熟眂而莫敢議將補其疏缺而羅絡之則東鏬西隙漫不得其要領因循廢弛以至於今余來守是邦深惟重閉之義目營心度念之不忘會有旨開濬漕渠及歸水澳乃以餘力疏甘露港鑿轉般護倉壕引水環於西北屆水之所止而立之門曰通津循水而東作門於北固亭之北曰甘露亭之南曰跨鼇於是向之際江而往來者始有限制遂周眂其餘而經理之凡舊城之圯者牆而塞之因軍民之便相地勢之宜作新門於所必由

之涂其傍軼捷出不可牆者西南則廢薛家池門溝斷之而門其兩端曰東山曰虎蹲稍南則撤鶴林東籬門垣屋之而更其名曰放鶴東南則廢妙喜寺土門保伍之而移其門於馬巷因之爲名曰馬巷門前軍夾刺門及搭材隊門幽僻特甚姦宄所囊橐也則又溝之以絕其所趨後軍北草門與東土門相比則塞之以歸於一蓋新作之門七廢者五諸軍穿垣而出因之以爲城門者十有一前軍曰山門曰東寨門後軍曰馬軍東土門曰范山門曰東寨門曰南寨門中軍曰南土門左軍曰西水門曰南寨門右軍曰高

山門遊奕軍曰西山門地之舊門見於圖經者八東曰青陽南曰通吳曰仁和西南曰鶴林西曰登雲曰還京北曰利涉曰定波凡門有二十六悉置州兵司啟閉以譏何之然後異戶殊轍涣焉四出者莫不會歸於經涂雖未能增高浚深壯金湯之勢然昭明限閾使民有所底止視昔固有間矣夫申關譏謹封守郡之常職也而廢置之自則不可以不嚴既以其事聞之於朝兹庸詳書俾來者有考

子城　缺

丹陽縣

縣城缺

雲陽東西城輿地志云在故延陵縣今延陵鎮西三十五里與句容分界之處東西城相去七里並在瀆南二城卽吳楚之境也又唐圖經孫處元所撰云西城有水道至東城而止並陳勳所立

按建康實錄吳大帝赤烏八年使校尉陳勳作屯田發屯兵三萬鑿句容中道至雲陽西城以通吳會船艦號破崗瀆上下一十四埭上七埭入延陵界下七埭入江寧界於是東郡船艦不復行京江矣晉宋齊因之梁以太子名綱乃廢破崗瀆而開上容瀆在句

容縣東南五里項上分流一源東南流三十里十六埭入延陵界一源西南流二十六里五埭注句容界西流入秦淮至陳霸先又堙上容瀆而更修破崗瀆隋既平陳詔並廢之則知六朝都建康吳會漕輸皆自雲陽西城水道徑至都下故梁朝四時遣公卿行陵乘舴艋自方山至雲陽見唐圖經蓋隋大業中煬帝幸江都欲遂東遊會稽始自京口開河至餘杭

金壇縣

縣故城周七百步高一丈五尺唐長壽改元新築至萬歲通天中𢿫以甎甓後廢

坊巷

敘缺

丹徒縣

城內有七坊曰崇德曰踐教曰靜甯曰化隆曰遷仁曰臨津曰太平皆仍故號其巷名則有吳司馬巷有顧著作巷有車尙書宅巷劉太尉宅巷與所謂刁家豐家焦家葛家洪家嚴家車家步家皆隨姓氏稱之其餘則有隆巷長巷夾道巷遞鋪巷上河下河巷大井小井巷南瓦子巷北瓦子巷石礎橋巷以至城隍火祆則因祠廟清風東海則因城門榷務稅務則因務教場船場則因

場燕醑則因樓蕭閒則因堂或因僧寺或因軍營又有因居人所鬻之物猥以爲名凡八十餘處自頃罹兵亂坊額不存乾道庚寅守臣秘閣蔡洸嘗植表諸坊巷大書高揭之其後廢壞漫無存者

丹陽縣 缺

金壇縣 缺

橋梁

敘 缺

丹徒縣

千秋橋在府治之西晉王恭作萬歲樓於城上其下有

橋故以千秋名隱士胡世隆詩曰萬歲樓邊誰唱月千秋橋上自吹簫元建是橋貫橫木於底以捍橋址嘉定甲戌待制史彌堅旣濬漕渠橫木阻舟抉之則圮夏五月重建

嘉定橋在千秋橋之南舊名利民橋（以其當八達之衢最爲民便故名）宋淳熙間郡守錢良臣重建名錢公橋（文惠錢公良臣守是邦甃爲甎橋架亭其上邦人名之曰錢公橋其後亭圮）嘉定初郡守趙師巽復甃以石乃易今名俗呼爲禁方橋

清風橋在嘉定橋之南宋景祐間郡守文正范公希文重建俗呼爲范公橋（民懷范公之德故名蘇子瞻懷才景純詩有傷心范橋水之句）嘉

秦開禧間郡守辛棄疾復甃以石

長橋在清風橋之南宋嘉定乙亥秋重建

折橋在府治之南舊嘗受漕渠水折旋而入于石䃮自䃮廢漕水不復入矣

丹陽縣缺

金壇縣缺

津渡

敘缺

丹徒縣

西津渡去府治九里北與瓜洲渡對岍杜牧詩金陵津

渡小山樓一宿行人秪自愁潮落夜江斜月裏兩三星火是瓜洲詩人指京口曰金陵按張氏行役記甘露寺在金陵山上李約初至金陵於李錡坐屢讚招隱寺標致是也

按李德裕爲浙江觀察使於蒜山渡嚴勒津邏捕絕請亳州浮屠聖水者蒜山渡今西津渡也

丹陽縣缺

金壇縣缺

嘉定鎮江志卷二一終

嘉定鎮江志卷三

風俗

晉殷仲堪作季子廟記云英風渠俗令德在民唐劉禹錫和李衛公北固詩云風俗太伯餘衣冠永嘉後李宗諤引舊經亦云本太伯之化有謙遜之風至今士大夫崇靖退貴風氣下逮民庶亦循理樂業而不好競封內如中古焉世迺以京口爲用武之國而論風俗者率援隋志闘力之戲爲證夫擊楫椎鋒執戈衞社固忠臣志士所期自奮者而概指闘力之戲爲風俗若將陋之則不可今師帥

之居曰靜治曰坐嘯曰道院嘉與邦人相安於簡靖而有能崇教化以護養之顧不休哉

齊志京口自宋氏以來桑梓帝宅江左流寓多出膏腴

隋志京口一都會其人並習戰號爲天下精兵俗以五月五日爲鬬力之戲各料彊弱相敵事類講武

唐韓滉鎮浙西以賊非牛酒不嘯結乃禁屠牛以絶其謀毁佛寺道觀四十餘所以其材繕置館第又以佛寺

銅鐘鑄弩牙兵器

李德裕觀察浙西鋭於布政凡舊俗之害民者悉革其弊南方信禨巫惑鬼怪父母厲疾子棄不敢養德裕欲

變其風擇鄉人有識者諭以孝慈大倫患難相收不可棄之義使歸相曉敕違者顯寘以法數年惡俗大變除淫祠千餘所撤私邑山房千四百舍窕無所庾蔽天子下詔褒揚

徐州節度使王智興聚貨無厭以天子誕月請以泗州置僧尼戒壇以邀厚利江淮間民皆曹輩奔走德裕劾奏云戶有三丁必令一丁落髮意在規避王徭影庇貲產臣於蒜山渡點其過者自正月以來一日百餘人比到誕節計江淮以南失六十萬丁壯不爲細變有詔禁止

按本府普照寺乃自泗州移供白衣善友者紛然意皆源流此時然李衞公能俾所部之民不渡蒜山而北數十年來江淮之民乃渡蒜山而南趨於本府假白衣善友以自名豈惟規避王徭又誑誘衆人之衣食外以資給浮屠中又自爲姦利衞公有鬼能無遺恨乎

會要長慶三年德裕奏應百姓厚葬及於道途盛陳祭奠兼設音樂等閭里編甿罕知教義生無孝養可紀歿以厚葬相矜器備僭差祭奠奢靡仍以音樂榮其送終或結社相資或利息自辦生業儲蓄以之皆空習以爲

常不敢自廢人戶貧破抑此之由今百姓等喪葬祭奠並不許以金銀錦繡爲飾及陳設音樂其葬物涉於僭越者並勒毀除結社之類任充死亡喪服糧食等用伏以風俗之弊誠宜改張緣人心同莫有循守纔知變革尋則隳違臣今已施行人稍知勸若後人不改風化必淸

寶歷二年亳州浮屠詭言水可愈疾號曰聖水轉相流聞南方之人率十戶僦一人使往汲擬取之時病者斷葷血危老之人率多死水斗三十千取者益它汲轉鬻於道互相欺詠百姓渡江者日數十百人德裕嚴勒津

邏捕絕者具奏言昔吳有聖水宋齊有聖火事皆妖妄臣於蒜山渡已加捉搦若不絕其根本終恐無益黎甿

通典揚州人性輕揚而尚鬼好祀長淮大江皆可拒守永嘉之後帝室東遷衣冠違離多所萃止藝文儒術斯爲之盛今雖閭閻賤品處力役之際吟詠不輟蓋因顏謝之風扇焉

寰宇記於潤州云吳越之君皆好勇故其人好用劍自永嘉南遷斯爲帝鄉人性禮遜謙謹婚嫁喪葬雜用周漢之禮

攻守形勢

敘缺

齊志南徐州鎮京口吳置幽州牧屯兵在焉丹徒水道入通吳會孫權初鎮之爾雅曰絕高爲京京城因山爲壘望海臨江緣江爲境似河内郡内鎮優重

吳孫權赤烏八年遣校尉陳勳將屯田及作士三萬人鑿句容中道至雲陽西城通會市作邸閣

獻帝春秋云劉備至京謂孫權曰吳此去數百里即有驚急赴救爲難將軍無意屯京乎權曰秣陵有小江百餘里可以安大船吾方理水軍當移據吳先都京後都建鄴京口亦謂之京

黃初中魏人來寇曹丕出廣陵臨大江兵十餘萬旌旗數百里帝使諸將謀以拒守將軍徐盛設計自武昌至京口烽烟相望廣陵京口對岸吳時疆界殊狹長江之外非其所有故沿江守備特嚴考吳志載庾闡楊都賦注曰烽火以炬置孤山頭皆相望或百里或五十三十里寇至則舉以相告一夕可行萬里孫權時合暮舉火於西陵皷三竟達吳郡南沙按宋志南沙吳名沙中晉以爲縣宋南沙曲阿等縣皆隸晉陵

吳使孫河屯京城河因赴宛陵爲嬀覽所殺其子韶年十七收河餘衆繕京城起樓櫓以禦敵孫權聞亂引兵歸吳夜至京城下營試攻驚之兵皆乘城傳檄備警讙聲動地權使人喻止明日見韶甚器之拜爲校尉食丹徒曲阿二縣自置長吏一如河舊韶爲邊將數十年得

士卒死力常以警疆埸遠斥候爲務先知動靜而爲之備故鮮有敗焉魏人撤兵遠徙江淮之地不居者各數百里權稱尊號自武昌還建鄴韶乃朝見權問青徐諸屯要害遠近人馬衆寡魏將帥姓名韶盡識之乃加領幽州牧

晉郗鑒咸和元年刺徐州蘇峻反鑒將赴國難遣夏侯長等間行謂溫嶠曰今賊謀欲挾天子東入會稽宜先立營壘屯據要害防其越逸斷賊糧運然後靜鎮京口清壁以待賊攻城不拔野無所掠不百日必自潰矣嶠深以爲然及陶侃爲盟主鑒率衆渡江與侃會於茄子

浦會王舒虞潭戰不利鑒與後將軍郭默還丹徒立大業曲阿庱亭三壘以拒賊賊將張健來攻大業城中乏水默窘迫突圍而出三軍失色參軍曹納以爲大業京口之捍一旦不守賊方軌而前勸鑒退還廣陵以俟後舉鑒責納不忠將殺之會峻死大業圍解及蘇逸等走吳興鑒遣李閎追斬之降男女萬餘口時賊帥聚衆數千浮海鈔東南諸縣鑒遂城京口率衆討平之庱亭在丹陽縣東與常州武進分界昔孫權射虎傷馬之地韻書庱音丑拯反吳中亭名大業在丹陽縣界漕渠東

蔡謨領徐州刺史聞石季龍於青州造船數百掠緣海諸縣朝廷以爲憂謨遣徐元等守中州募得賊大白船

者賞布千疋小船百匹是時謨統七千餘人所戍東至土山西至江乘鎮守八所城壘凡十一處烽火樓望三十餘處隨宜防備甚有算略土山與蒜山相屬江乘實南琅邪郡寄治自東至西防守如此嚴密則蔡謨鎮京口之規模可想

劉牢之代王恭鎮京口時楊佺期桓元將兵逼京師牢之率北府之衆馳赴京師次於新亭元等受詔退兵牢之還鎮京口

隆安中孫恩浮海奄至丹徒戰士十萬樓船千艘建康震駭牢之東討自山陰使劉裕由海鹽來援裕兵不滿千人涉遠疲勞而丹徒守軍莫有鬭志恩率衆鼓譟登

蒜山居民皆荷檐而立裕率所領奔擊大破之投崖赴水死者甚衆恩狼狽僅得還船浮海北走郁洲裕略戰大破之

元興初劉裕破盧循何無忌潛勸裕於山陰起兵討桓元土豪孔靖曰不如待其已篡於京口圖之裕從之劉邁弟毅家於京口亦與無忌謀討元無忌告裕遂與毅定謀裕託以遊獵與無忌收合徒衆得百餘人詰旦京口城開無忌著傳詔服稱敕使徒衆隨之卽斬桓修以徇衆推劉裕爲盟主總督徐州事以孟昶爲長史守京口義軍斬元驍將吳甫之進至羅落橋又斬皇甫敷元

大懼使桓謙屯東陵裕與毅等進突謙陣軍大潰元走
裕入建康屯石頭城
何無忌爲盧循敗於尋陽劉裕方北伐至下邳聞之慮
京邑失守卷甲兼行過江至京口衆乃大安裕至建康
募人爲兵治石頭城盧循至淮口中外戒嚴裕屯石頭
諸將各有屯守裕子義隆始四歲裕使諮議參軍劉粹
輔之鎮京口
宋文帝元嘉二十六年幸丹徒謁京陵大赦三月乙丑
詔曰京口肇祥自古著符近代襟帶江山表裏華甸經
塗四達利盡淮海城邑高明土風淳壹苞總形勝實唯

名都故能光宅靈心克昌帝業頃年岳牧遷回軍民徙散廛里廬宇不逮往日皇基舊鄉地兼蕃重宜令殷阜式崇形望可募諸州樂移者數千家給以田宅并蠲復

高祖遺詔京口要地去都邑密邇自非宗室近戚不得居之劉延孫與帝室本非同宗不應有此授時司空竟陵王誕爲徐州上深相畏忌不欲使居京口遷之於廣陵廣陵與京口對岸欲使腹心爲徐州據京口以防誕故以南徐授延孫

齊永泰元年王敬則反邱仲孚爲曲阿令敬則前鋒奄至仲孚謂吏民賊乘勝雖銳而烏合易離今若收船艦

鑿長崗埭瀉瀆水以阻其路得留數日臺軍必至如此則大事濟矣敬則軍至値瀆涸果頓兵不得進五月詔左興盛劉山陽胡松築壘於曲阿長岡沈文季爲持節都督屯湖頭備京口路敬則急攻興盛山陽二壘臺軍不能敵欲退而圍不開各死戰胡松引騎兵突其後白丁無器仗皆驚散敬則軍大敗

隋軍濟江陳護軍將軍樊毅謂僕射袁憲曰京口采石俱是要所各領銳卒數千金翅二百都下江中上下防捍如其不然大事去矣諸將咸從其議會施文慶等寢隋兵消息毅遂不行詳見雜錄

唐劉展之叛江淮都統李峘與副使潤州刺史韋儇浙西節度使侯令儀屯京口展素有威名馭軍嚴整淮東節度使鄧景山爲展軍所擊衆潰展引兵入廣陵峘闢北固爲兵場插木以塞江口展軍於白沙設疑兵於瓜洲多張火鼓若將趨北固者如是累日峘悉鋭兵守京口以待之展乃自上流濟襲下蜀犯潤昇上元二年正月田神功使范知新等將四千人自白沙濟西趨下蜀自將三千人軍於瓜洲濟江展將步騎萬餘陳於蒜山神功以舟載兵趨金山會大風不得渡還軍瓜洲而知新等兵已至下蜀展遂敗

李希烈之亂韓滉爲鎭海軍節度使乃閉關梁禁牛馬出境毀道佛祠修隝壁起建鄴抵京峴樓雉相望以爲朝廷有永嘉南狩事造樓船三千柂以舟師由海門大閱至申浦乃還時陳少游在揚州以甲士三千臨江大閱滉亦總兵臨金山與少游會焉申浦在常州江陰界通江以春申所封之地得名

南唐盧絳畫策詣後主上疏陳京口至澗壁數要衝之地宜立柵屯戍廣設備禦利害數十事陳喬因表爲本院承旨使督百卒任所陳利便經營制置頗見幹績俄轉沿江諸營兵馬監押兼巡檢絳於是召募士卒少年

便於舟楫狎習水道者得馬雄等數十人立爲偏裨校使督卒伍日習水戰節以金鼓麾以旗幟部分次序進槳退棹旋運如飛皆如節制時有一舟應節稍遲即斬其長復試之可使泝逆流蹈巨浪累於海門遮獲越人船舫百餘艘鹽數萬石獻於金陵後主賞其功拜上柱國後授淩波軍都虞候及王師攻秦淮口水柵絳數引戰棹破之江南諸將忌絳功名出己右説後主遣絳出援丹陽絳自金陵率所部舟師八千計百艘爲八字列陣而行突圍曹彬等識絳所部開圍出之旣至京口舍舟登岸麾兵三戰越人三北其圍遂解乃以爲潤州節

度使

開寶八年九月王師初起江南以京口要害當得良將

侍衛都虞候劉澄舊事藩邸國主尤親任之擢爲潤州

留後及吳越兵至國主尋命盧絳自金陵來救吳越兵

少却絳方入城圍復合平潤州李煜欲出降陳喬張洎

以爲金湯之固未易取潤平始謀遣使入貢求緩兵九

年正月曹彬遣郭守文以煜來歸

建炎三年二月癸丑金兵至瓜州詔以呂頤浩爲資政

殿學士充江浙制置使又命奉國軍節度劉光世守鎮

江府丁巳頤浩除簽書以精兵二千回鎮江節制劉光

世以下捍瓜州渡九月江淛制置使韓世忠駐軍江陰宰執請以鎮江隸世忠而常蘇圖山諸處控扼官軍並隸御營使司上曰善

四年四月兀朮入寇回至鎮江韓世忠已提兵駐揚子江焦山以邀之時敵衆數萬世忠戰士才八千敵遣使與世忠約日會戰世忠募海船百餘艘進泊金山下仍植一旗書姓名表其上預命工煅鐵相聯爲長綆貫一大鉤徧授諸軍之强健者平旦敵擁千舟譟而前比合戰世忠分海船爲兩道出其背每縋一綆則曳一舟而入敵不得渡復遣使願還所掠及獻馬五千世忠不聽

時撻辣所遣之兵在儀眞江之南北兩岸皆敵衆而世忠據中流與之相持敵以輕舸絶江而遁世忠曰窮寇勿追先是世忠視鎮江形勢無如龍王廟者敵來必登此望我虛實因遣將蘇德以二百卒伏廟中又遣三百卒伏江岸遣人於中望之戒曰聞江中鼓聲岸下人先入廟中人繼出數日敵至果有五騎趨龍王廟廟中之伏聞鼓聲而出五騎者振策以馳僅得其二有人紅袍白馬既墜而跳馳得脫詰二人者云即兀朮也是舉也俘獲殺傷甚衆敵所遺輜重山積又獲龍虎大王舟千餘艘

紹興八年五月樞密副使王庶措置江淮遂移張俊下
張宗顏將七千人軍淮西巨師古將三千人屯太平州
分韓世忠二軍屯天長泗州使緩急互爲聲援以劉錡
軍鎮江爲江左根本
三十一年金兵號百萬犯瓜洲淮南制置劉錡退屯鎮
江而錡病已劇李橫劉汜等不利上以御營宿衞使楊
存中措置守江中書舍人虞允文亦自建康馳至鎮江
時江岸有車船二十四艘敵已瞰江恐臨期不堪駕用
存中允文同淮東總領朱夏卿鎮江守臣趙公稱相與
臨江按試命戰士踏車船徑趨瓜洲將迫岸復回敵兵

皆持滿以待其船中流上下回轉如飛敵衆相顧駭愕

曰南軍有備如此遂殺亮而退師

嘉定鎮江志卷三終

嘉定鎮江志卷四

田賦

敘缺

屯田

三朝史志云江淮兩浙承僞制皆有屯田免役後多賦與民輸租第存其名則其來久矣

紹興元年二月己巳詔遣吏部郎官益都仇悆往鎮江府究乏糧之實上謂宰執曰劉光世一軍月費廩給萬數如此宜速爲屯田之計

祥符圖經載丹徒丹陽金壇延陵四縣屯田凡大麥一

千一百二十七石丹徒縣五百五十九石丹陽縣三百八十三石金壇縣九十八石延陵縣八十七石小麥六百三十九石丹徒縣二百五十六石丹陽縣二百七十四石金壇縣五十五石延陵縣五十四石絲八千九百二十兩丹徒縣二千九十八兩丹陽縣二千八百一十二兩金壇縣三千二百九十一兩延陵縣七百一十九兩綿一百一十八兩絹五疋紬三疋羅一疋麻皮一十四觔又租麻皮七千五百二十觔大麥五百四十九石小麥二百八十八石以上八色皆出丹徒縣外三縣無又粳米一萬四千二百一十三石丹徒縣二千六百二十八石丹陽縣二千八百二十一石金壇縣二千四百八十九石延陵縣六千六百七十三石合四縣以較總數尚餘三百九十八石錢二十六貫丹徒縣六百丹陽縣一十七貫七百金壇縣七貫七百

今丹徒丹陽金壇三縣元管屯田一十六萬一千六百五十畝畸數不書計租米二萬三千二百一十二石除已佃外尚有未佃之數丹徒縣元管一萬二千六百七十五畝租米二千八百一石今已佃田一萬二千二百八十九畝租米二千七百三十石餘未佃丹陽縣元管三萬八千四百八十五畝租米七千四百九十四石今已佃田三萬一千五百五十六畝租米六千一百五十石餘未佃金壇縣元管一十一萬四百八十八畝租米一萬二千九百一十七石今已佃田一十萬三千一百九十一畝租米一萬一千三百三十六石餘未佃

官莊營田乾道庚寅三縣營田稻子共一千八百四石

今丹徒縣營田夏料錢八百四貫大麥二百五十一石秋料錢一千二百三十貫稻子五百八十六石丹陽縣營田夏料錢二千一百九十六貫大麥二百九十三石秋

料錢四千四百三十八貫稻子二千九百四十六石　金壇縣營田夏料錢六百二十九貫大麥一百三十六石　秋料錢一千五百二十二貫稻子一千一百四十二石

軍田

建炎間洞庭楊太最爲劇盜太年幼爲么故曰楊么其後張浚岳飛平之收伏楊么等敗殘之軍無所歸著遂以逃荒之田令其力農時號楊么子軍因名軍莊後軍兵撥附大軍其田召農民爲之耕種今東西兩莊其田七千六百一十四畝置監莊一員專委縣尉提督莊課每歲夏秋二料檢收檢放不定

東莊夏料大麥田六百五十畝小麥田六百三十三畝秋料稻田二千七十六畝大豆田五百三畝蕎麥田一百六十二畝

西莊夏料大麥田一百八十八畝小麥田四百一十一畝秋料稻田二千八百四十七畝大豆田七十三畝蕎麥田六十五畝

職田

敘缺

丹徒縣夏料租絲一百七十三兩大麥一十石小麥八十一石秋料租米一千八石

丹陽縣夏料租絲一百八十二兩租錢五貫大麥一石小麥五十九石秋料租米八百四十一石

金壇縣夏料租絲一十三兩小麥八十三石秋料租米一千一百一十三石

知軍府事丹徒縣租絲三十四兩小麥三石租米一百五十八石丹陽縣租絲五十四兩租米一百四十六石

通判南廳丹徒縣租米七石金壇縣租米一百一十二石

通判北廳丹徒縣租絲二十一兩小麥一石租米一百石丹陽縣租米八十八石

鈐轄丹徒縣租米三十八石丹陽縣租米一十七石金壇縣租米五十一石

簽判丹徒縣大麥三石租米五十五石丹陽縣小麥一石租米一十九石金壇縣小麥三石租米三十四石

教授丹陽縣小麥三石絲七兩租米八石金壇縣小麥三石租米一十八石

節推丹徒縣絲四兩租米八石丹陽縣小麥八石絲四兩租錢五貫租米九十九石

金壇縣小麥三石租米一十一石

察推丹徒縣絲二十九兩租米八十一石金壇縣租米六石

知録兼羅務丹徒縣絲二十二兩小麥二石租米七十三石

司理丹徒縣租米六十一石

司法丹徒縣小麥三石租米五十九石金壇縣租米一十四石

監倉丹徒縣租米一十石金壇縣租米八石

監稅東廳丹徒縣絲三兩大麥一石小麥六石租米一十六石

監稅西廳丹徒縣絲八兩大麥二石小麥一十一石租米五石

監酒東廳丹徒縣租米三十二石

監酒西廳丹徒縣大麥一石租米二十三石金壇縣租米三十石

江口監稅金壇縣租米五十六石

都監丹陽縣小麥八石租米九十一石

監押丹徒縣絲七兩小麥七石租米三十石

丹徒知縣小麥一十四石大麥一石租米九十一石

縣丞小麥三石絲一十二兩租米五十二石

簿尉絲三十三兩小麥四石租米二十三石丹陽縣大麥一石小麥一石租米三十七石

監務小麥八石租米三十三石

西津巡檢租米二十二石丹陽縣租米一十七石金壇縣租米三十石

圌山巡檢絲一十兩小麥一十六石租米二十二石

大港監鎮租米一石金壇縣租米一百四石

丁角監鎮租米七石金壇縣租米五十二石

丹陽知縣絲二十六兩小麥七石租米九十七石
縣丞絲二十八兩小麥一十五石租米六十八石
主簿絲二十八兩租米五十二石
縣尉絲二十四兩小麥九石租米二十九石
監務租米二十石
經山巡檢租米七石
延陵監鎮租米四十四石
延陵巡檢絲八兩小麥三石
金壇縣絲一十三兩租米九石
金壇知縣小麥二十一石租米一百五十四石
縣丞小麥二十二石租米一百二十七石

主簿小麥九石租米八十石

縣尉小麥八石租米四十七石

監務小麥一十石租米四十五石

嘉定鎮江志卷四終

嘉定鎮江志卷五

總目缺

土貢

敘缺

唐地理志潤州土貢衫羅水紋魚口繡葉花紋等綾火麻布竹根黃栗伏牛山銅器鰐鮓

元和郡縣圖志開元貢雜藥紋綾賦絲紵布

通鑑興元元年鎮海節度使韓滉遣使獻綾羅四十擔詣行在

元和郡縣圖志貞元以後觀察使王緯李錡相繼兼領

鹽鐵使務其進奉與楊益相比元和以後稍革之
潤州類集有羅隱鎮海軍所貢詩
敬宗時詔浙西上造銀盝粧具二十事時李德裕刺潤州兼觀察浙西奏綾紗等物猶是本州所出金銀不出當州皆須外處迴市昨奉宣令進盝子計用銀九千四百餘兩其時貯備無二三百兩乃諸頭收市方獲制造上供昨又奉宣旨令進粧具二十件計用銀二萬三千兩金一百三十兩尋令併合四節進奉金銀造成兩具進納訖今差人於淮南收買旋到旋造深憂不迨時准赦不許進獻踰月求貢使者相繼德裕訴而諷之時又

詔浙西令織定羅紗袍段及可幅盤條繚綾千疋德裕復奏言太宗時使至涼州見名鷹諷李大亮獻之大亮諫止賜詔嘉歎元宗時使者於江南捕鵁鶄翠鳥倪若水言之卽見褒納二祖有臣如此今獨無之且元鵝天馬盤條掬豹文彩恠麗惟乘輿當御今廣用千疋臣所未諭昔漢文身衣弋綈元帝罷輕纖服故仁德慈儉至今稱之願陛下近師二祖容納遠思漢家恭約裁賜節減則海隅蒼生畢受賜矣

寰宇記潤州貢方紋綾水波綾羅綿絹

神宗朝王巖叟奏臣伏以陛下卽政之初宜示儉薄爲

天下先臣竊知四方貢獻甚有非國朝舊例出於繼增而創起者所在不能無擾如定州之花綾祁州之花絁臣所見而知之者婺州之細花羅潤州之大花羅臣所聞而知之者臣見聞之所不及若此類必多伏望詔旨停貢庶成儉朴之風以隆盛德

紹興四年十一月辛卯上謂宰執曰韓世忠近得鱘魚鮓朕戒之曰艱難之際朕不厭菲食當立功報朕而貢口味非愛君之實也已卻之沈與求曰陛下示以好惡如此諸將敢不用命三十一年十二月壬戌上謂宰執曰前日過平江府守臣進洞庭柑卻之今過常潤兩郡

俱無所獻必是聞風而罷也朕意無他正恐受之則後來所歷之郡必競爲奢侈有過於柑子者矣陳康伯等因贊此非獨仰識陛下盛德又以見聖慮之深遠也時上親征回自鎮江

憲謹釋曰蠙珠曁於橘柚錫貢載於夏書君上之奉末爲過也帝以慈儉爲寶物雖至微猶且卻之邊將守臣疇敢不承休命視前代詔索脂盝繚綾於潤至守者奏疏千百言而後詔停奚啻穹壤之異帝業中興卓冠前古信夫

今歲貢綾十疋羅十疋大禮銀五百兩聖節銀三百兩

羅三百疋絹三百疋

錢監附銀冶

敘缺

唐食貨志銀銅鐵錫之冶一百六十八陝宣潤饒衢信五州銀冶五十八銅冶九十六鐵山五錫山二鉛山四開元二十六年宣潤等州初置錢監天寶十一載揚潤宣鄂蔚鑄鑪皆十

宋缺

寬賦

敘缺

晉武帝紀甯康二年詔晉陵遭水之縣尤甚者全除一年租布其次聽除半年受振貸者卽以賜之時晉陵郡正治丹徒

宋文帝紀元嘉四年詔蠲丹徒今年租布元嘉十七年詔前所給揚南徐二州百姓田糧種子應督入者悉除半今半有不收處都原之凡諸逋債優量申減元嘉二十一年詔比年穀稼傷損淫亢成災亦由播殖之宜尚有未盡南徐兗豫及揚州浙江西屬郡自今悉督種麥以助闕乏元嘉二十六年詔復丹徒縣僑舊今歲租布之半詔曰京口肇祥自古可募諸州樂移者數千家給以田宅并蠲復

孝武帝紀孝建元年始課南徐州僑民租大明五年夏四月戊戌詔南徐兗二州去歲水潦傷年民多困窶逋租未入者可申至秋登

前廢帝紀大明八年冬十月庚辰原除揚南徐州大明七年逋租

齊高帝紀建元元年詔長蠲南蘭陵租布

武帝紀永明四年五月癸巳詔揚南徐二州今年戶租三分二取見布一分取錢來歲以後遠近諸州輸錢處並減布直疋准四百依舊折半以爲永制

明帝紀建武二年三月戊申詔南徐州僑舊民丁多充

戎旅蠲今年三課

梁武帝紀大同十年三月甲午輿駕幸蘭陵謁建陵辛丑至脩陵壬寅詔曰朕自違桑梓五十餘載今國務小間始獲展敬園陵故鄉老少接踵遠至可加頒賚所經縣邑無出今年租賦監所責民蠲復二年因作還舊鄉詩庚戌幸同賓亭宴帝鄉故老及所經近縣奉迎候者少長數千人各賚錢二千

按天監元年改南東海爲蘭陵郡則駕幸蘭陵正是京口

陳宣帝紀大建十二年詔亢旱傷農畿內爲甚其東海

等十郡積年田稅祿秩並各原半其丁租半申至來歲
秋登

按陳永定二年廢南蘭陵郡復爲東海郡

唐會要貞元八年八月詔令京兆少尹韋武往楊楚盧壽滁潤蘇常湖等州宣撫應百姓因水不能自存者委宣撫使賑給死者各加賜物在官爲收斂埋瘞其田苗所損委宣撫使與所在長吏速具聞奏災傷之後切在撫綏

食貨志朱泚既平府藏盡虛諸道常賦之外進奉不息鎮海節度使王緯李錡皆徼射恩澤以常賦入貢名爲

羨餘至代易又有進奉

憲宗紀元和二年十月巳卯免潤州今歲稅通鑑元和二年十一月李錡誅有司籍錡家財輸京師裴垍李絳上言以爲李錡僭侈刻剝六州之人以富其家陛下閔百姓無告討而誅之今輦其金帛以輸上京恐遠近失望願以逆人資財賜浙西百姓代今年租賦上嘉歎久之卽從其言本紀元和四年十一月癸卯朔浙西蘇潤常州旱儉賑米二萬石

會要元和六年十月詔諸道都團練使足修武備以靜一方而別置軍額因加吏祿亦旣虛設頗爲浮費潤州

鎮海軍使額宜停所收使以下俸料一事以上各委本
道充代百姓缺額兩稅

崔鄲本傳爲浙西都團練觀察使料民等第籍地沃瘠
均其征賦一其徭役民有宿逋不可減於上供者必代
輸之

宋淳化五年兩浙轉運使會致堯言去年湖州督稅及
程蘇常潤皆有逋負請行賞罰以勸懲之太宗以刻薄
之政皆俗吏所爲又江浙頻年水災蘇常潤尤甚七月
丁卯詔致堯倍加安撫不可搔擾民或失所罪有歸焉
憲謹釋曰財賦出於民者也監司督郡郡督之縣縣

督之民民力其困矣致堯以督賦稽期請罰及官吏
太宗不特不允其請且戒之曰民或失所罪有歸焉
戒敕之辭不費寬恤之意無窮於乎仁哉
會要咸平元年十一月兩浙轉運司請出常潤州廩米
十萬石振糶從之
長編咸平五年十一月左藏庫監官郭守素言淮南昇
潤州綢絹價高望不給冬服留充郊祀賞給可獲數倍
之利上曰朝廷方覃大慶豈復規小利也罷之
實錄政和三年三月甲戌詔潤州丹徒丹陽兩縣災傷
放稅及七分以上常平賑貸在法至三月終罷緣今歲

有閏田事必晚飢民可閔與展至四月
紹興戊寅守臣秘閣鄭作肅以丹陽縣濬練湖占民田數十頃未嘗豁除二稅奏蠲之三縣合納布豆舊每歲折估增多民以爲病紹興間湯鵬舉爲兩浙運使奏請一依戶部經界所定豆每斗折錢二百三十布每疋折錢二貫三縣合催畸零稅總爲錢三千餘貫被擾者數萬家淳熙中守臣秘撰耿秉下令蠲之而代以公帑之贏民至今思之三縣合納大小麥每開場時折估歲增一歲嘉定改元守臣趙師羿約以中制每小麥一斗折錢四百大麥一斗折錢二百具申朝省刊石府治永爲

定制邦人德之三縣各有碑記其事

常賦

敘缺

夏稅

太常博士許載吳唐拾遺錄云吳順義年中差官興版簿定租稅厥田上上者每一頃稅錢二貫一百中田一頃稅錢一貫八百下田一頃一貫五百皆足陌見錢如見錢不足許依市價折以金銀并計丁口課調亦科錢宋齊邱時爲員外郎上言江淮之地唐季以來

戰爭之所今兵革乍息而必率以見錢折以金銀此非民耕鑿可得也若與販以求之是爲敺民棄本逐末耳是時絹每疋市賣五百綢六百綿每兩十五齊邱請絹每疋擡爲一貫七百綢爲二貫四百綿爲四十皆足陌丁口課調亦請蠲除朝議喧然沮之謂虧損官錢萬數不少齊邱致書於徐知誥知誥行之至是不十年閒野無閒田桑無隙地通鑑載於天祐十五年

祥符圖經載四縣夏税絹二千六百四十二疋丹徒縣八百五

十九疋　丹陽縣四百九十三疋　金壇縣七百八十五疋　延陵縣五百五疋　羅一千疋　丹徒縣三百八十七疋　丹陽縣三百三十五疋　延陵縣二百七十八疋　金壇縣無　絲二千七十九兩　金壇縣九百八十二兩　延陵縣一千九十七兩　丹徒丹陽兩縣無　紬一千四百三十九疋　丹徒縣二百一十四疋　丹陽縣一百六十四疋　金壇縣九百六疋　延陵縣一百六十五疋　綿六萬三千三百五十六兩　丹徒縣一萬八千二百一十七兩　丹陽縣二萬四百七十二兩　金壇縣一萬六千五百六兩　延陵縣八千一百六十一兩　錢一千六百一十貫　丹徒縣五百三貫　丹陽縣一百八十貫　金壇縣五百二十三貫　延陵縣四百四貫　大小麥各七千一百二十二石　丹徒縣各一千七百七十九石　丹陽縣各二千二百五十九石　金壇縣各二千二百六十二石　延陵縣各八百二十二石　鹽錢八千一百一貫　丹徒縣一千五百八十九貫　丹陽縣二千四百八十六貫　金壇縣二千九百二貫　延陵

縣一千一百二十四貫 鹽絹三千五百五十四疋丹徒縣九百五十一疋 丹陽縣一千五十六疋 金壇縣一千八十七疋 延陵縣四百六十疋 鹽脚錢一十七貫七百丹徒縣四貫七百 丹陽縣五貫三百 金壇縣三貫九百 延陵縣三貫三百

今丹徒縣夏税絹二千一百八十疋內丁絹八百三十疋於開禧三年內奉旨蠲放住催外實合催絹一千三百五十疋羅四百三十六疋綿二萬二千六百五十三兩絲五千二百四十九兩鹽見脚錢二千五百九十八貫大麥三千四百三十四石小麥三千二百四十三石麻皮二千九十二觔租錢一十三貫

丹陽縣絹二千一百九十九疋羅五百六疋綿二萬三千四百三十九兩絲四千二十三兩鹽見脚錢三千五百九十八貫大麥三千二百一石小麥三千三十四石租錢一十貫

金壇縣絹四千五百九十五疋羅一百一疋綿二萬二千六十三兩絲六千八十九兩鹽見脚錢七千七百六貫大麥三千一百一十七石小麥三十七石

秋稅

敘缺

祥符圖經載四縣秋稅粳米五萬二千二百七十三石丹徒縣二萬一千六十八石丹陽縣一萬六千六百十四石金壇縣一萬一千一百四十八石延陵縣四千三百四十二石合四縣以較總數尚餘八百九十九石未詳糯米五千九百九十二石丹陽縣二千一百九十九石金壇縣二千八百一十九石延陵縣九百七十四石丹徒縣無大豆五千八百五十三石丹陽縣二千二百五十五石金壇縣二千六百八十石延陵縣九百一十八石丹徒縣無鹽米二萬四百九十六石丹徒縣六千五百六十七石丹陽縣六千六百四十二石金壇縣五千三百二石延陵縣一千九百七十四石合四縣以較總數尚少一十一石蘆蓆五萬一千六百六十領丹徒縣一萬七千四

百四十領　丹陽縣一萬八千三百一十一領　金壇縣一萬三千一百六十領　延陵縣四千七百三十領　合四縣以較總數尚餘一千九百八十領

稅布六千三十八疋丹徒縣一千三百七十四疋　丹陽縣一千六百九十四疋　金壇縣一千八十三疋　延陵縣一千八十七疋

折科布一千一百一十三疋皆出丹徒縣外三縣無

今三縣秋稅除經界逃閣等外粳米一十萬九千六十七石糯米六千五百七十七石豆六千二百七十石布六千八百五十三疋元額有丁布二千六十一疋於開禧三年蠲放蕟七萬五千六十領白水灘租錢一百一十六貫丹徒縣粳米三萬七百九十七石糯米三百八十石豆三百五十九石布一千二百六十四疋蕟二萬二千六百三十八領白水灘租錢一百八貫丹陽縣粳米四萬四千二十一石糯米二千五百九十七石豆二千五百二十七石布

一千一百四十二疋蘐三萬四千四百八十領白水灘租錢七貫　金壇縣粳米三萬四千二百四十七石糯米三千六百石豆三千三百八十三石布四千四百四十六疋蘐一萬七千九百四十一領

和買

咸平二年戶部判官馬元方建言方春民間乏絕請預給庫錢約至夏秋令輸絹於官詔下其法於諸路率一縑給錢一千時人便之其後或不以錢而以鹽後又給錢三分而以七分折鹽又其後則鹽與錢不復給而與兩稅均輸矣

今三縣和買絹九千九百三十八疋丹徒縣三千五百疋丹陽縣三千九百三十八疋金壇縣二千五百疋

經總制錢

宣和初盜起睦州兩浙用兵陳亨伯爲經制使乃以公家出納錢若賣酒醬糟商稅牙稅樓店等錢量取其贏別歷收附以供移用謂之經制錢及翁彥國爲總計使後倣其法謂之總制錢經總制錢之有額此其始也

今本府每歲經總制錢一十一萬七千七十五貫盡數截撥赴淮東總領所

免役錢

熙甯以後有免役錢乾道庚寅三縣夏秋兩料

四萬三千二百四十六貫（丹徒縣一萬四千二百八貫丹陽縣一萬二千一百八十二貫金壇縣一萬六千八百五十六貫）今三縣每歲夏秋兩料免役錢四萬四千三百四十五貫（丹徒縣一萬四千四百八貫丹陽縣一萬三千八十一貫金壇縣一萬六千八百五十六貫）官戶不減半役錢二千七百八十六貫丹徒縣丞廳分兩料催

均役

敘（缺）

郡當衝要土瘠民貧信使往來差調繁重所貴役簡勞均遞年應辦國信往來合用般擔禮物人夫不踰二千

人係丹徒縣官差撥坊郭人戶充應然坊正縣吏不問實用人數多寡偏於諸坊排門差撥閭巷騷然守臣待制史彌堅籍定在城七坊及江口鎮戶口姓名圖寫住止內從例合充般擔人計七千九百三十八戶以嘉定八年北使回程爲始照合差實數每遇應辦止於一坊差撥或一坊人數不足然後差及兩坊若一坊人數尙多差使未徧直候再有應辦以本坊差盡爲度然後及以次坊分上輪下次周而復始居民始獲安跡舊例保頭管夫十名隊頭管五十名以本坊之殷實者爲之坊正一名以本縣合干人爲之凡保頭隊頭皆隸焉上下

相維此固無害然隊頭初無輪定資次一番差使則坊正借公行私指射惟意乞取滿其所欲然後別行指差夫坊既有正熟知保伍隊頭職事可身兼之奚苦別立隊頭重爲民擾自今永免差撥在官既有責辦於民實爲利益焉

課程

敘 缺

宋元嘉十七年詔揚南徐二州估稅所在市調多有煩刻山澤之利猶或禁斷役召之品遂及稚弱如此比傷治害民自今咸依法令務盡優允如有不便即依事別

言不得苟趣一時以乖隱卹之旨

唐會要貞元九年戸部侍郎張滂奏立稅茶法自後裴延齡專判度支與鹽鐵益殊塗而理矣十年潤州刺史王緯代之理於朱方數年而李錡代之鹽院津堰改張侵剝不知紀極私路小堰厚斂行人多自錡始大中六年正月鹽鐵轉運使裴休奏諸道節使觀察使收茶商搨地錢并稅經過商人頗乖法理請釐革橫稅商旅既安課利自厚其年四月浙西觀察使奏軍用困竭乞且依舊稅茶敕旨裴休條疏茶法事極精詳制置之初理須畫一並宜準今年正月敕旨處分

宋朝乾道六年五月庚午戶部狀已降指揮自行在至建康府沿路征稅頗繁可省之今措置臨安府自北郭稅務至鎮江府沿路一帶稅場內地里接近收稅繁併去處合行省罷庶幾少寬商賈詔從之

坊場河渡

敘 缺

丹徒縣見管三十四坊每年管催六千五百七十五貫

丹陽縣見管五十五坊每年管催七千二百七十八貫

金壇縣見管二十坊河渡二處每年管催三千九百八貫

嘉定鎮江志卷五終

嘉定鎮江志卷六

地理

山川

敘 缺

山

丹徒縣

京峴山在府治東五里

潤州類集云州謂之京鎮京口者因此山

寰宇記梁武帝望京峴山盤紆似龍掘其左右爲龍

目二湖

按類集龍目湖秦時所掘與寰宇記小異蠹齋周孚詩平湖認龍目斷嶺記蜂腰注南徐州記有龍目湖今失其所鶴林寺前山有名胡蜂腰者

唐顧雲爲隋司徒廟碑地控金甌城臨鐵甕山分荆峴水接蓬瀛曾攺於鮑照陽春登京山行注京一作荆非

李德裕創甘露寺於北固山而祭言禪師文以爲北固乃京峴之一枝

王莊定公存與刁經臣詩有二載京峴居過從不獲屢之句注云京峴潤之二山世但以京峴爲一山

北固山卽今府治與甘露寺是

世說荀令則嘗登北固望海云雖未覩三山便使人有淩雲之意若秦漢之君必當褰裳濡足

唐元和郡縣圖志山在縣北一里下臨長江其勢險固因以爲名蔡謨謝安作鎮並於山上作府庫儲軍實

劉楨京口記迴嶺入江垂水峻壁

輿地志天景清明登之望見廣陵如在青雲中相去鳥道五十餘里

文選謝靈運有從遊京口北固應詔詩

寰宇記舊北顧作固字梁高祖云作鎮作固誠有其語然北望海口實爲壯觀以理而推宜改爲顧望之顧

梁紀大同十年春三月己酉幸京口城北固樓改名北顧

靜惠王宏子正義傳字公威初以王子封平樂侯位太常卿南徐州刺史屬武帝幸朱方正義修廨宇以待輿駕初京城之西有別嶺入江高數十丈三面臨水號曰北固蔡謨起樓其上置軍實是後頹壞山頂猶有小亭登降甚狹及上升之下輦步進正義乃廣

其路傍施欄楯翼日上幸遂通小輿上悅登望久之
敕曰此嶺不足須固守然京口實乃壯觀乃改曰北
顧賜正義束帛

壽邱山在城中宋武帝潛龍舊宅基也後封今名

唐頽山在城中今號塘塠山

東山在城東二里亦號花山

唐皇甫冉同樊潤州遊東山詩北固多陳迹東山復
舊遊

蘇子美花山詩寺裏山因花得名花今不見草縱横

蒜山在西北三里

寰宇記晉安帝時海賊孫恩戰士十萬至蒜山宋武帝衆無一旅橫擊大破之山生澤蒜因以爲名

京口記蒜山無峰嶺北臨江

潤州類集一說蒜當爲籌算之算周瑜諸葛亮嘗會此山議拒曹操後有赤壁之勝時人謂其多算以爲山名故鼂蒙算山詩周郎計策清宵定曹氏樓船白晝灰

顏延年謝莊鮑照許渾詩皆曰蒜山

蒜山松林中可卜居蘇軾詩蒜山幸有閒田地招此無家一房客松林今不存矣

二翁亭卽蒜山亭無爲集云浮玉僧建亭蒜山之頂丹陽新舊太守林子中希楊次公傑首登之因名二翁亭詩云來陪杖履躡孤峰故老旁觀歎二翁海上波平千里白江東兵壯萬旗紅雲開雲合山頭月潮落潮生渡口風須約蒙莊老仙客凭闌直下看龍宮

黄鶴山在城西南三里

建康實錄宋高祖微時嘗遊京口竹林寺獨卧講堂中上有五色龍章衆僧見之

按黄鶴山本名黄鵠山宋衡陽王義季刺南徐長史張邵與隱士戴顒姻通迎顒來止山北有竹林

精舍林澗甚美顒嘗憩於此澗太祖每欲見之謂黃門侍郎張敷曰吾東巡之日當讌戴公山也按竹林精舍即宋武帝微時所遊京口竹林寺今鶴林寺是元豐間曾旼辨圖經之非語見類集而舊志猶兼引寰宇記以爲宋高祖潛龍時遊息竹林寺黃鶴飛舞其上因名黃鶴山却不考宋戴顒傳衡陽王剌京口時在宋文帝元嘉九年去宋武遊息之時已久猶謂之黃鵠山是舊志因圖經寰宇記而差矣

鶴林寺杜鵑花續仙傳云貞元中外國僧自天台鉢

盂中以藥養其根來植此寺周寶鎮浙西一日謂殷
七七曰鶴林之花天下奇絕嘗聞能開頃刻花能副
重九乎曰可也乃前二日往鶴林寺宿中夜有女子
來謂七七曰妾爲上蒼所命下司此花俗傳花神非久即
歸閬苑今爲道者開之來日寺僧訝花漸拆至九日
爛熳如春後經兵火其花遂亡信歸閬苑矣蘇軾觀
菩提寺南漪堂杜鵑花云南漪杜鵑天下無披香殿
上紅氍毹鶴林兵火眞一夢不歸閬苑歸西湖又和
陳述古冬日牡丹云當時只道鶴林仙能遣秋花發
杜鵑誰信詩能回造化直教霜枿放春妍又安得道

人殷七七不論時節遣花開又鶴林神女無消息爲
問何由返帝鄉

招隱山在城西南七里元和郡縣圖志獸窟山一名招
隱山卽隱士戴顒所居也

寰宇記梁昭明曾遊此山讀書因名招隱山今石案
古蹟猶存

戴顒碑在招隱米芾崇甯甲申文

唐兵部員外郎李約曾佐李庶人錡浙西幕約初至
金陵於錡坐上屢讚招隱寺標致一日庶人宴於寺
中明日謂約曰常聞誇招隱寺昨遊宴細看何殊州

中李笑曰其所賞者蔬野耳若遠山將翠幕遮古松用絲物裹腥羶浣鹿跑泉音樂亂山鳥聲此則實不如在叔父大廳也庶人大笑

虎跑泉在山之東南高五丈許深廣纔數尺旱雨常二尺木相去鹿跑泉二十餘丈按趙次公注蘇軾虎跑泉詩丹徒招隱山有此泉又潤州類集鹿跑泉唐學士蔣防爲之銘

眞珠泉在寺之西北山下去寺一里源發於西南山圓濺若貫珠蘇軾遊鶴林招隱詩巖頭疋練兼天淨泉底眞珠濺客忙

玉蘂亭唐李衞公觀玉蘂花戲書卽事寄沈大夫注云此花吳人不識因予賞玩乃得此名內苑沈大夫閤前有此花每花落空中回旋久之方集庭砌大夫草詔之暇常邀予同玩故李寄沈詩曰玉蘂天中植金閨昔共窺沈酬李詩曰曾對金鑾直同依玉蘂陰

京口集有宋王琪題招隱玉蘂花詩

玉蘂花前輩評之詳矣蔡寬夫詩話云李衞公玉蘂花詩此爲潤州招隱山作也碑今裂爲四段在通判廳中而招隱無復此花矣訪之土人皆莫知爲何物或云卽今揚州后土廟瓊花乃自王元之始易其名

晏元獻嘗以李善文選注質之云瓊乃赤玉與花不類也周文忠公必大玉蘂辨證跋語云唐人甚重玉蘂故唐昌觀有之集賢院有之翰林院亦有之皆非凡境也予往因親舊自鎮江招隱來遠致一本條蔓如荼蘼種之軒檻冬凋春茂柘葉紫莖再歲始著花久當成木今荼蘼久則根株合抱玉蘂亦然花苞初甚微經月漸大暮春方八出鬚如冰絲上綴金粟花心復有碧筩狀類膽瓶其中別抽一英出衆鬚上散爲十餘蘂猶列玉然花名玉蘂乃在於此羣芳所未有也宋子京祁劉原父敞宋次道敏求博洽無比不知何故疑爲瓊

花宋祁筆記維揚后土廟有花色正白曰玉蘂王元之愛賞更稱曰瓊花按許愼說文瓊赤色也王不領其義非白花名也　劉敞移瓊花詩淮南無雙玉蘂花異時來自入仙家序云自淮南遷東平移后土廟瓊花植於濯纓亭此花土人別號八仙花或謂李衞公所賦玉蘂卽此　宋敏求春明退朝錄后土廟瓊花或云自唐所植卽衞公所謂玉蘂　王元之知揚州但言未詳何木俗呼爲瓊花子京何故以誣元之蔡君又引晏同叔之言以爲證甚無謂也劉夢得雪蘂瓊絲之句最爲中的何必拘李善赤玉瓊之注耶　夢得玉蘂詩雪蘂瓊絲滿院春羽衣輕步不生塵之句

按周益公玉蘂花辯證跋語引南史劉杳傳云杳在任昉坐有人餉昉榽酒而作榐字昉問杳此字

是否答曰葛洪字苑作木旁吾梧音陣予嘗得醞法芳烈異常山谷似不以杳傳爲據狗俗訛梧作鄭而江南鄉音又呼鄭爲瑒杖梗切復疑未安於是創山礬之名然二詩并序初未嘗及玉蘂山谷題高節亭詩是止因好事者僞作唐人帖故曾端伯洪景盧也

皆信之曾慥端伯高齋詩話唐人題唐昌觀玉蘂花詩云一樹瓏鬆玉刻成飄廊點地色輕輕女冠夜覓香來處唯見階前碎月明今瑒花即玉蘂花盧陵段謙叔有楊汝士與白二十二帖云唐昌玉蘂以少故見貴耳自來江南山山有之士人取以染事不甚惜也則知瑒花之爲玉蘂斷無疑矣傳子容見此帖作絶句云比瑒更礬總未佳要須博物似張華因觀異代前賢帖知是唐昌玉蘂花 洪邁容齋隨筆玉蘂今瑒花又名米囊黄魯直易爲山礬者江東彌山亘野殆與榛莽相似

而唐昌所產至於神女下遊折花而去以踐玉其
峰之期是不特土俗罕見雖神仙亦不識也
寶諸公偶未見此花所謂信耳而不信目也

金山在江中去城七里

道藏經山始名浮玉言自玉京諸峰浮而至者

九域志金山志記云唐時有頭陀掛錫於此因名頭陀巖後斷手以建伽藍忽一日於江際獲金數鎰尋以表聞因賜名金山

潤州類集南唐僧應之頭陀巖記云貞元二十一年因李錡奏易名金山

按唐史韓滉嘗出兵金山滉在錡前已名金山矣

而唐以前詩記無言浮玉山者山海經有浮玉山
苕水出於其陰北流於具區乃在今太湖之南是
可疑也元和郡縣圖志蒜山在丹徒縣西九里互
父山在縣西北十里晋破符堅獲互賊置此山下
因名土俗謂之金山南徐州記蒜山北江中有伏
牛山唐志潤州貢伏牛山銅器今金山正在蒜山
北江中山後孤峰以鶻棲其上曰鶻山米芾金山
詩有揭榜訛浮玉莊嚴是化城之句又芾臨金山
賦注浮玉焦山之名豈焦山謂之浮玉邪賦曰余
登黄鶴之高臺臨紫金之奇岫下風輪以盤根中

百川而露秀抱羣山之勝勢儼化城之寶搆二塔立而角具五洲落而珠闕幽怪集而洪鍾舉梵侶萃而香積奏泛海濤以出像過龍宮而一嗅水府明威以護法神龍降光於秘呪航冥陽之津迷會四海之奔走其或浮玉焦山之名掩霧石牌落潮倒洪流而夜響援淡壘其難描靈鼉屹乎波起天花雨而仙邀有時江練夜白秋清月高冰壺無底下徹秋毫吾嘗中濡弭檝寒露泣袍追夸父以逐日呼龍伯以連鼇得長鯨而可跨或拔劍以逐蛟吾方老冉徒此戲卒未艾也耆舊云紫金山正當市心

四旁民居舊來猶隱隱見山脚今不復存而紫金泉猶在卽嚴氏家井形製甚古後人誤指紫金山爲金山

周文忠公必大二老堂雜志金山在京口江心號龍遊寺登妙高峰望焦山海門皆歷歷此山大江環繞每風濤四起勢欲飛動故南朝謂之浮玉山別有小島相傳爲郭璞墓大水不能沒下元水府亦在此承平時極盛樓觀幾萬楹兵亂後十無一二紹興末復遭回祿以金使年例登賞官亟營葺之復不逮於前惟自歙州門過經藏樓經兵火巋然獨存當時歙人

造此因名

政和四年七月乙未詔天下悉立神霄玉淸萬壽宮鎭江府以金山龍遊寺改焉漕臣詹度總視工事徽宗親書殿閣十名賜之爲天下神霄第一毛友領府事有記其略曰父老相傳先唐時嘗以爲龍遊觀已而爲浮屠氏所有者幾三百年故金華楊氏洞天記曰中國洞天不載於名籍者尙多有之金山其一也蓋其前臨滄海却倚大江獨立無朋以天爲際風濤朝夕赴其呑吐日月晦冥環其左右攬數州之秀於俛仰之間而下盤魚龍之宮神靈之府葢宇宙區奧

古今勝處也則高眞所庭逸士所廬天閟地藏千有
餘年一朝鬍然海内爲琳宫之冠者夫豈無待
高宗皇帝幸建康孝宗以元子扈從道由京城賦二
十八字萃然天立鎮中流雄跨東南二百州狂敵每
臨須破膽何勞平地戰貔貅陳巖肖侍郎庚溪詩話
賛聖製詩云辭壯而旨深已包不戰屈人兵之意矣
詩在龍遊寺之奎文閣閣記守臣方滋文
又刊石於閣下守臣直龍圖閣朱夏卿跋
妙高臺元祐初主僧了元所立翰林學士蘇軾有詩
浮金堂徐元用邀軾同遊有詩
化城閣王安石有詩

留雲亭浮金堂以下皆不存

雄跨堂乾道初淮東總領洪适取聖製詩中詞揭之

玉鑑堂取翰林學士蘇紳金山詩僧依玉鑑光中住人踏金鼇背上行

煙雨奇觀亭郡人陳從古書

吞海亭

無邊閣

金鼇閣

石排山在金山之西

蔡佑竹窗雜記揚子江中流最急若無石排金山亦

不能立世傳上有郭璞墓余嘗親至其上無碑碣可攷山無土言有墓非也盛夏有大蛇莫知其數盤結於木陰間其北謂之北濡江最深處問之釣者深三十餘丈

焦山在江中去城九里旁有海門二山金焦相望凡十五里

寰宇記譙山戍即海口戍

潤州類稾舊經言焦光所隱故名

按皇甫謐逸士傳曰世莫知焦光所出或言生漢末無父母兄弟見漢衰乃不言常結草爲廬冬夏

祖露垢污如泥後野火燒其廬光因露寢遭大雪至祖卧不移人以爲死就視如故陸龜蒙雪詩焦光正渥丹然舊記古詩無言光隱京口者杜佑通典言京口有譙山戍宋之問詩戍入海中山疑卽此山而江淹焦山詩一本亦作譙山今京口無譙山是可疑也焦光按魏書一作焦先管甯傳後漢時隱者焦先河東人也魏略亦曰名先字孝然建安末關中亂先獨竄河渚閒自作一瓜牛廬瓜讀曰蝸處其中僉謂之隱者或問皇甫謐曰焦先何人曰吾不足以知之先曠然以天地爲棟宇闇然合至

道之前出羣形之表入元寂之幽犯寒暑不以傷其性居曠野不以苦其形遭驚急不以迫其慮離榮憂不以累其心損視聽不以汚其耳自羲皇以來一人而已光先字暑相似

焦山普濟院碑有蔡邕贊米芾銘具祠廟明應公祠山有朝宗亭飛仙亭寶蓮閣江山偉觀盞其勝概與金山敵故金山面東爲亭曰吞海焦山面西爲亭曰吸江

瘞鶴銘華陽眞逸撰上皇山譙闕鶴壽不知其紀也壬辰歲得於華闕一字當爲亭甲午歲化於朱方天其未遂吾翔闕一字當爲寥耶奚奪闕四字遽也迺裹以元黃之幣藏

乎兹山之下仙無家（闕四字）我⺮（此字不全）故立石旌事篆

銘不朽詞曰相此胎禽浮丘（闕一字）余欲無言爾（闕五字當有雷門二字）去鼓（闕一字當爲華）表留（闕二字當爲形義）唯髣髴事亦微

冥爾將何之解化（闕五字）厂（不全又闕二字）惟甯後蕩洪流前

固重扃右害井尸ナ氵丷（六字不全又闕八字）華亭爰集眞侶

瘞爾（闕兩字或文但止於此未可知也）丹陽眞宰（此四字不知其次）

右故資政邵亢就山下斷石考次其文而闕其不可知者故此差可讀

歐陽修集古錄右瘞鶴銘題云華陽眞逸撰刻於焦山之足常爲江水所没好事者伺水落時摸而

傳之往往祇得其數字云鶴壽不知其幾而已世以其難得尤以爲奇惟余所得六百餘字獨爲多也按潤州圖經以爲王羲之書字亦奇特然不類羲之筆法而類顔魯公不知何人書也華陽眞逸是顧況道號今不敢遂以爲况者碑無年月不知何時疑前後有人同斯號者也

東觀餘論云邵公亢考次銘文首尾似粗可讀雖文全亦止此百餘字爾而集古録謂好事者往往只得數字惟余所得六百餘字獨爲多蓋印書者傳訛誤以十爲百當時所得蓋六十餘字此銘相

傳爲王右軍書蘇子美詩山陰不見换鵝經京口新傳瘞鶴銘文忠以爲不類王法而類顏魯公又疑是顧况道號又疑王瓚僕今審定文格字法殊類陶宏景宏景自稱華陽隱居今曰眞逸者豈其別號與又其著眞誥但云己卯歲而不著年名其他書亦爾今此銘壬辰歲甲午歲亦不書年名此又可證云壬辰者梁天監十一年也甲午者十三年也案隱居天監七年東遊海嶽權駐會稽永嘉十一年始還茅山十四年乙未歲其弟子周子良仙去爲之作傳即十一年十三年正在華陽矣此

銘後有題丹陽尉山陰宰數字及唐王瓚詩字畫
亦頗似瘞鶴但筆勢差弱當是效陶書故題於石
側也或以銘即瓚書誤矣

苕溪漁隱曰東觀餘論黃伯思所作也其跋陶華
陽書云隱居書故自入流在華陽得楊許顏三眞
眞跡顏最多而學之故蕭遠澹雅若其爲人伯思
此跋稱贊宏景書如此故以瘞鶴銘爲類之第余
初不曾見宏景書未敢遽以爲然

金石錄云集古錄華陽眞逸是顧況道號余徧檢
唐史及況文集皆無此號惟況撰湖州刺史廳記

自稱華陽山人爾不知歐陽公何所據也

苕溪漁隱曰集古錄疑前後有人同斯號者西淸

詩話云余讀道藏陶隱居外傳號華陽眞人晚號

華陽眞逸此葢同斯號矣集古錄又以字不類羲

之筆法而類顏魯公不知何人書也第蘇子美黃

魯直皆以此銘爲右軍書得非本潤州圖經而言

之故魯直云頃見京口斷崖中瘞鶴銘大字右軍

書其勝處不可名貌以此觀之遺教經亘非右軍

筆畫也若瘞鶴銘斷爲右軍書使人不疑如歐薛

顏柳數公書最爲端勁然纔得瘞鶴銘髣髴爾魯

公宋開府碑瘦健清拔在四五間又嘗有詩云小字莫作癡凍蠅樂毅論勝遺教經大字無過瘞鶴銘東觀餘論云晉成帝咸和九年甲午歲逸少年三十二不應已自稱眞逸此銘决非右軍審矣又與劉無言論書云焦山瘞鶴銘俗傳王逸少書非也一小書中載云陶隱居書此或近之然此山有唐王瓚一詩刻字畫全類此銘不知卽瓚書抑瓚學銘中字而書此詩也劉曰嘗親至彼觀疑卽瓚書也下有云皇山樵人逸少書非王逸少也葢唐有此人亦號逸少耳東觀餘論又有此二說姑俟

識者折衷之

蔡佑雜記焦山瘞鶴銘不著姓氏但稱華陽眞逸世因謂羲之書雖前輩名賢皆無異論獨章子厚丞相不以爲然緣石刻在崖下水濱非窮冬水落不能至其處其側復有司兵參軍王瓚題名小字數十與瘞鶴銘字畫一同雖無歲月可攷官稱乃唐人則章丞相可謂明鑒也

曾旼以瘞鶴銘王瓚詩蔡邕焦光贊江淹焦山集詩共爲山中四絶

釜鼎山在城東南青陽門外一里

石公山在城東北八里瀕江與焦山對
乾道己丑守臣待制陳天麟建送江亭於其上取蘇
軾詩宦遊直送江入海蠹齋周孚有詩序云是山意
其嘗有石姓居之
檀山在城西南峴山之北
汝山在城東北十里京口集有朱彥章過汝山詩
白兔山在城東南十五里
唐山在城東南二十里
刁約懷南徐所居詩注唐山莊在白兔山側又王莊
定存送刁景純歸京口詩云因公東還輒悲咤重厚

士風須長者少年流輩輕老人去矣唐山舊林下

長山在城南二十里山有靈泉舊傳其流與練湖通注溉民田萬頃見曹岠長山靈淵廟記文

五州山在城西二十里

山名不知何始前輩多以爲登山之絕頂望見五州故曾文肅布詩云天際林巒壓壽邱夾江旁瞰兩三州又云海門西北起崇邱極目參差見五州蔡舍人肇亦有詩云西升崇邱望培塿見五州皆謂五州在目中然嘗登崇邱而望惟眞揚昇潤四州尚可遡目又不特此山爲然獨文選載顏延年車駕幸京口詩

云虞風載帝狩夏諺頌王遊春方動宸駕望幸傾五州注云九州之地宋得其五五州之人傾心望帝臨幸按晉宋間淮北遺黎僑寓江左疑五州之民居此山左右故得名耳一名二義當兩存之

大瀆山在城東三十里

兩山在縣東三十里或名雩山或謂南史雩山卽是

香山在城西三十里

馬跡山在城東南三十五里

潤州類集有靑童君馬跡以爲山名又有靈洞潛通華陽及抱朴子丹井在焉權德輿酬李二十二兄主

簿馬跡山見寄詩自序云山有奇峰怪石且多昔賢眞仙之所遊踐方外士般煥然通易經老嚴之旨居於山下從舅原均探異好古亦往來棲息其間

娘子山在城東南三十七里

鐵爐山在城西四十里山後有泉名曰翟公泉參政翟汝文銘

靈山在城南四十里

唐顧况有詩送郭生歸靈山讀書

覆船山亦名酒罌山在城西南五十里

據寰宇記書祥符圖經謂之覆船山

道士山在城東北六十里
曹山在城西五十里
嵛山在城西六十里
阿育王山在城南六十里

丹陽縣

嘉山在丹陽縣東北四十五里上有龍池
經山在縣東北三十里古所謂金牛之山王莊定存有
經山佛殿記
沈山在經山之東七里
因吏部沈彬爲處士築居得名山有寺寺左偏抵堂

百步而北其壁石其徑柏削然千仞若環翠屏即處土庵也陳輔之悲昔遊自序

陳山在縣東北三十五里

朱彥章過陳山詩繚繞陳山路蕭疎古岸楓山有玉龍泉彥章詩云巨靈擘兩山飛泉擬白龍

金壇縣

顧龍山在金壇南五里俗呼土山下瞰思湖能蕩高不能五六丈而巨石盤亙瞰平湖數千頃湖之旁山者居民占植芙蕖界以菰蒲如錯錦繡暑風至則荷香與偕若非凡境

茅山一名句曲山

寰宇記山在縣西六十五里延陵縣西南三十里句容縣南五十里山形曲折似句字三曲故名句曲

眞誥山内有靈府洞庭四開穴岫長連七塗九源四方交達眞洞仙館也秦時名爲句金之壇以洞天内有金壇百丈周時名其源澤爲曲水之穴

按山形曲折後人名爲句曲之山漢有三茅君來治上古名此山爲崗山孔子福地記云崗山之間有伏龍之鄉可避水辟病長生大天之内有地中之洞天三十六所其第八是句曲山之洞週迴一

百五十里名曰金壇華陽之天洞宮凡五便門

摭遺茅濛字初成華陽人也隱華山修道秦始皇三十一年白日上昇是時先有民謠曰神仙得者茅初成駕龍上昇入太淸時下元州戲赤城繼世而往在我盈始皇聞之問故老曰此仙謠也於是有尋仙之意濛之元孫盈得道於句曲山上昇爲東嶽上卿司命眞君太元眞人居赤城時來句曲邦人改句曲爲茅君山南豐類藁載三茅者盈太元眞君固定籙眞君衷保命仙君皆漢景帝中元間人盈天漢四年道成至元帝初元五年來句曲山哀帝元壽二年乘雲而去梁普通三年五百四十四年矣固至孝元時拜執金吾卿衷宣帝地節四年拜上郡太守五更大夫並解任還家修學成帝永始三年固爲定籙

眞君衷爲保命仙君
見梁道士張繹碑
太平廣記陶宏景止句曲山齊高祖問曰山中何所有宏景賦詩答曰山中何所有嶺上多白雲只得自怡悅不堪持寄君
青龍山在縣南五十五里
眞誥大茅山之西南有四平山俗中所謂方山者也其下有洞室名曰方臺洞有兩口見於山外也與華陽通號爲別宇幽館矣得道者處焉其中先止者有張祖常劉平阿呂子華蔡天生龍伯高並處於方臺矣注云此山去大茅山可二十許里西南六七里有

一洞口見外近時有人入見大青蛇在洞中因與呼爲青龍洞山近上及北面西南亦並有洞穴不知何者是此兩口耳

大岯山在縣南五十里又有小岯山其下石堂內有虎跡水涸卽現山東南屬毗陵之宜興西南屬建康之溧陽而北至元門十里爲界處長塘湖中屹然孤秀望之若浮故名（岯音浮）

陶隱居尋山志云石孤聳以獨絕岸垂天而似浮

水

丹徒縣

神溪水

按後漢襄楷傳順帝時琅邪宫崇詣闕上其師于吉於曲陽泉水上所得神書百七十卷唐章懷太子注云今潤州有曲陽山有神溪水然攷方志京口境内無此山水名

京江水在城北六里東注大海西接上流北距廣陵

祥符圖經謂之京口水寰宇記謂之京江水唐許渾思丁卯村詩于嗟樓下水幾日到京江杜牧賦杜秋娘詩京江水清滑生女白如脂自唐以爲京江矣魏文帝有渡江之志黄初五年秋嘗至廣陵時江盛漲

帝臨望歎曰魏雖有武騎千羣無所用之六年冬又至廣陵臨江觀兵時大寒冰舟不得入江帝見波濤洶湧歎曰嗟乎固天所以限南北也文帝詩觀兵臨江水水流何湯湯周世宗問孫忌江南虛實忌曰長江千里險過湯池可敵十萬之衆世宗聞而忌之京口集有王岐公珪京江遇大風

丹徒水

齊志丹徒水道入通吳會

隋大業六年敕穿江南河自京口至餘杭八百餘里廣十餘丈使可通龍舟并置驛宮草頓欲東巡會稽

宋會要淳化元年二月詔廢潤州之京口呂城常州之望亭奔牛四堰秀州之杉木堰杭州之捍江清河長安三堰越州之山陰縣西堰天聖七年五月兩浙轉運使言潤州新河畢工降詔奬之

四朝國史志慶曆三年潤州濬漕河成督工者賜詔嘉奬其後每年必乾淺輒阻漕舟虞部郎中胡淮與兩浙路提點刑獄元積中再經度常潤州河夾崗道置堰功費多而卒無補御史陳經言之淮及積中皆貶官（係熙甯二年）初武進尉凌民瞻督役積中總其事葢積中主民瞻議故也鄭向爲兩浙轉運副使疏潤州

蒜山漕河抵於江人便利之皇祐二年王琪再守潤
轉運使欲大興役浚常潤二州漕河琪言方蠻蜑騷
五嶺又南方歲比不登民困無聊不可重興此役詔
罷之而後議者卒請廢呂城堰破古函管而浚之河
反狹舟不得方行公私以爲不便官吏卒得罪去
會要治平四年七月都水監言兩浙相度到潤州至
常州界開淘運河廢置堰閘乞候今年住運開修夾
岡河道從之
四朝國史志元祐四年知潤州林希復呂城堰置上
下閘以時啟閉

四朝史本傳曾孝蘊字處善公亮從子紹聖中管幹發運司糴糶事建言揚之瓜州潤之京口常之奔牛宜易堰爲閘以便漕運商賈役成公私便之

四朝國史志元符二年九月潤州京口常州奔牛澳閘畢工先是兩浙轉運判官曾孝蘊獻澳閘利害因命孝蘊提舉興修仍相度立啟閉日限之法至是始告成也

會要崇甯元年十二月一日中書省尚書省勘合左司員外郎曾孝蘊劄子紹聖間獻陳澳閘利害蒙朝廷令孝蘊提舉興修了當行運首尾四五年若不別令官司

主管則已成東南漕運大利當遂廢革欲乞專差官
一員自杭州至揚州瓜州澳閘通管常潤揚秀杭州
新舊等閘依已降條貫專切提舉車水澳閘覺察應
干姦弊乞差舊曾監修澳閘宣德郎新知崑山縣事
鮑朝懋提舉管幹依提舉弓箭手例序官請給人從
舟船等事於蘇州置廨宇以提舉淮浙澳閘司為名
人吏許於常潤蘇杭秀等州選差半年一替仍令兩
浙轉運司進奏官兼管發落文字從政和六年八月
御筆鎮江府旁臨揚子大江舟楫往來每遇風濤無
港河容泊以故三年之間溺舟船凡五百餘艘人命

當十倍其數甚可傷惻訪聞西有舊河可以避急歲
久湮廢宜令發運司計度深行濬治以免沈溺之患
委官處畫早令告功
蔡佑雜記云京口漕河自城中至奔牛堰一百四十
里皆無水源仰給練湖自郡城至丹陽中路謂之經
函東西貫於河底河西有良田數十頃乃江南名將
林仁肇莊地勢低於河底若不置經函泄水卽豬而
爲湖不可爲田經函高四尺濶亦如之皆巨石磨琢
而成縫甚縝密以鐵爲窗櫺自運河泄水東入於江
中間獻議者欲自京口濬河極深引江水灌於毗陵

與太湖水相通可省呂城犇牛二閘其間別有利害亦以經函不可開其議竟不行紹興七年兩浙轉運使向子諲取唐韋損劉晏攷核肰建言欲於呂城夾岡置斗門二石磋一以復舊迹度費萬緡庶爲永利詔從之二十九年夏四月己亥戶部侍郎趙令詪言自臨安至鎮江河水淺澀留滯綱運望令守臣修堰閘辛丑詔從之乾道六年守臣秘閣蔡洸自丹陽之南濬至夾岡郡人顧時大有詩八年守臣殿撰宋貺自利涉門之北濬至江岸郡倅陶之眞有記（今記文不存）淳熙二年守臣閣學張津自京口閘以北濬至江口

文惠錢艮臣有記記文在府治

以上闕京口當南北之要衝控長江之下流自六飛駐蹕吳會國賦所貢軍須所供聘介所往來與夫蠻商蜀賈荆湖閩廣江淮之舟湊江津入漕渠而徑至行在所甚便利也惟郡境高卬勢贔屓若鼇伏水不可以瀦北泄於江而南注於毗陵失時不疏淤澱日甚前此節麾相望豈無以漕運爲急而事大役重前柅後掣量力舉事僅濟目前否則縮手郤顧而已歲移月改流斷舟膠綱餫相銜輕涉湍涌由五瀉堰以濟五瀉字依毗陵志書風濤倏驚惴惴焉覆溺是虞其或應辦聘

使屬冬涸堰渠挽水轉相添注勞費百倍嘉定癸酉十一月乙未上從廷臣之議令因漕臣至郡同守臣總領相度開濬利便以聞時寶文閣待制史彌堅領郡事奉旨與運副吳鎰總領錢仲彪沿渠按視得其源委蓋渠自江口行九里而達於城之南門民居商肆夾渠而列渠岸狹不盈咫畚土以貯於岸費省易集一雨濯之旋復填淤是積土不可以濱渠江干元有五閘京口閘距江里許又南爲腰閘又東爲下中上三閘下閘在轉般倉東中閘在大軍北倉後上閘在程公橋團樓北今腰閘已廢通接潮汛撙節啟閉粵從渠塞積歲不開木圮石泐渠濬而閘啟閘啟而潮通是脩

閘不可以失時於是郡委掾寨官通行打量自江口至南水門其長一千八百六十九丈約總用濬渠修闊三十七萬六千五百九十二工乃先履寬僻之地計地面積土之廣狹以分濬渠節段之短長計積土背渠之遠近以約日役工數之多寡又慮農事將舉役民非宜官軍健捷器用便利宜委戎司庀其役規模先定條列上聞都統制劉元鼎具畚臿籍徒庸以俟命明年二月已亥報可截撥緡粟爲庸直需辛亥決渠水立表識程功作侵渠而撤居者賑之丙辰役兵大集舉臿如雲守臣總領躬自勸勞都統制日按

行伍察其惰婾越四月庚戌通渠底續闊至十餘丈深至一丈餘閘之圯蠹者選材石更葺之自是巨防屹立海潮登應則次第啟閉出納浮江之舟拍岸洪流暢無留礙揚柁維楫舟人歎呼然後濬市河新橋梁興澳港建郵亭修縴路功緒一新是可書已

禮部侍郎李皐爲之記曰嘉定甲戌仲冬有詔京口漕渠歲久堙閼爰命守臣史公彌堅總領軍賦錢公仲彪行視疏瀹二公協心奉詔惟謹程功計費列上於朝越明年春有旨賜可乃擇良日分飭王旅會於渠上畚挶雲興綆鍤麇集統師臨督罔或不虔決水

縱之下見其底度地立表分曹賦役爰始爰度時惟
史公要東整明勞賜周腆衆懽趨之相率勸功自城
南闉以抵江口隨地勢曲折爲里者九先是齊民瀕
渠而居侵冒臨跨日月滋甚載舟之水劣甫倍尋舳
艫經過幾同畀盪挽夫顛連進不能跬政弛吏玩濬
治怠忽刮腐葦壤布於近岸一雨驟至旋復於渠乃
今相攸於彼隙埜分積塗泥高埒邱阜並渠之家咸
歸所侵仍加振撫毋俾失職開空沙澱呈露埂涯曾
碕修聳清波演溢閘舊有五木腐石泐支拄苟存乃
命更葺選堅擇良矩矱增傑跨渠而橋前後惟六造

舟艤材厥制兼施新作者四其二仍故橋成煥疑與渠俱新馮高架空虹亘霞舉澄瀾華杠相輔爲美吳檣蜀艦沿泝夷懌謳謠載路駭若神設公曰欿哉吾志未畢惟城之東歸水有澳以匯積流瀦泄有制爲渠之輔堙塞既久復命疏鑿厥而西行抵通津門回環軍廩捍偷止燔爲備尤夙厥而東行繇甘露港以注之江復建二閘以時啟閉餫艘灌輸軍械轉致入出取道實爲徑易海波不驚無有艱虞繇南城入抵朱方門悉甃其磩繇城南出達於呂城間石其塗撓夫上下妥視安行甚雨淫潦免於旋淖又以餘力改

營舊館敞爲十楹賓客往來憩息有所以及市溝蠲濁而清東抵黃泥浚淺而深小利微害隨力所及以興以除未易殫述惟始鳩僝衆役序舉迨及奏功不愆於素歷數其日甫一周闔民不預知官不告勞豈惟輓餉繄此之賴流惡達壅宜民孔多來者歎驚居者嗟詠交享其利莫測其由嘗稽諸古渠通江湖見於遷書其來尚矣唐漕江淮撤閘置堰國初渟化始詔廢之熙甯元祐相距兩紀由積中希持議異同曰堰與閘廢復不常至於紹聖使臣孝蘊抗議講畫僉謂詳緻易堰而閘昉定於此公私便之今弗可改興

澳之利實出孝蘊置官專掌厥意甚良以時申儆南
國永賴姦臣擅朝制遽隳斁邦人皆言史公之舉美
軼孝蘊厥庸茂焉蓋是役也縣官賜錢爲緡十萬太
倉發粟爲斛八千羣司合助惟力是視郡撙浮用迄
濟登茲公視爲常弗以自汰凡古之人勤民爲先圖
事揆策病於弗力斷而爲之鬼神避焉吏治因循人
心苟翫奪於浮議憚於暫勞近世以來茲弊特甚勇
於濟物公義信高在漢之世開南山渠鑿褒斜道在
唐之世開三門山鑿廣運潭或利船漕或資田漑著
在史冊炳炳如丹今公所爲視古何忝大書詔後孰

不謂然且俾來者知嗣公志克成守式有永毋壞埤
以疏鹵備官吏氏摭諸輿誦於是乎書
丹陽縣缺
金壇縣缺
河
丹徒縣
伊婁河唐地理志開元二十七年齊澣開
本傳云澣遷潤州刺史州北距瓜步沙尾紆匯六十
里舟多敗溺澣徙漕路繇京口埭至伊婁渠以達揚
子歲無覆舟減運錢數十萬唐書音訓京口在潤州

城東北甘露寺側瓜步在今眞州西六十里距揚州一百二十里宋文帝饋百牢於魏處也

案今揚州西南二十里有瓜洲土人云其洲爲瓜步也伊婁渠今無其名疑今瓜洲北至揚子運渠是其地當時瓜洲遥隸潤州故澣得以改置漕路太平寰宇記開元二十二年潤州刺史齊澣以潤州北界隔江爲限每船繞瓜步江沙尾迂迴六十里多爲風濤所損臣請於京口埭下直截渡江二十里開伊婁河二十五里郎達揚子縣無風水之災歲收利百億並立伊婁埭自是免漂損之災

丹陽縣 缺

金壇縣 缺

湖

丹徒縣 缺

丹陽縣

練湖水經注曰晉陵郡之曲阿縣下晉陳敏引水爲湖周四十里號曰曲阿後湖

元和郡縣圖志練湖在縣北百二十步周迴四十里晉時陳敏爲亂據有江東務修耕織令弟諧遏馬林溪以溉雲陽亦謂之練塘溉田數百頃

按新唐書地理志練塘周八十里里數與水經注元和郡縣圖志及劉晏狀多寡不同

寰宇記引語林曰晉太傅褚裒遊於湖狂風忽起船欲傾褚公已醉乃云此舫人皆無可招天譴者唯孫興公多塵垢正當以厭天災耳

輿地志曲阿出名酒皆云後湖水所釀故醇烈也今按湖水上承丹徒高驪覆船山馬林溪水色白味甘

文選宋文帝有濟曲阿後湖詩顏延年有遊後湖詩

按練湖有唐劉晏南唐呂延禎奏狀及延禎序銘古刻漫漶鮮有傳者今併備載使來者有攷

唐東都河南江淮等道轉運使檢校戸部尚書兼御史大夫劉晏狀得刺史韋損丹陽耆壽等狀上件湖

築圖經周迴四十里比被丹徒百姓築堤横截一十
四里開瀆口洩水取湖下地作田其湖未被隔斷已
前每正春夏雨水漲滿側近百姓引漑田苗官河水
乾淺又得湖水灌注租庸轉運及商旅往來免用牛
牽若霖雨泛溢卽開瀆洩水通流入江自被築堤已
來湖中地窄無處貯水横隄壅礙不得北流秋夏雨
多卽向南奔注丹陽延陵金壇等縣良田八九千頃
常被淹没稍遇亢陽近湖田苗無水漑灌所利一百
一十五頃田損三縣百姓之地今已依舊漲水爲湖
官河又得通流邑人免憂旱潦奏聞中書門下牒浙

西觀察使與韋損勿使更令修築致有妨奪永泰二年四月十九日右劉晏狀

南唐知丹陽縣鎮兼檢點館驛迎送官事呂延禎奏其畧曰當縣有練湖源出潤州高麗長山下注官河一百二十里當縣丹徒金壇延陵八戶並同潤臣讀石碑得聞湖利訪諸鄉老咸曰疇昔以湖有爲故立碑於縣門其廢於今將百年矣當爲湖日湖水放一寸河水漲一尺旱可引灌溉澇不致奔衝其膏田幾逾萬頃昔環湖而居衣食於漁者凡數百家有斗門肆所泉前唐末兵亂之後民殘湖廢安仁義取斗門

餘木以修戰備自此近湖人戶耕湖爲田後來弓量
賦稱祖籍農商失恃漁樵失業河渠失利租庸失計
民思復湖以禦災奈何無所寘力焉苟欲訪其利病
則讀碑可知觀湖可見臣頻承條制葺陂塘切度其
湖爲利甚博遂爲材役工於古斗門基上以土堰堰
捺及塡補破缺處初謗議震動謂臣弗良圖且廢湖
豐已者不十餘家有湖無災者四縣之地臣明知利
害獨如弗聞自今歲秋後不雨河道乾枯累放湖水
灌注使命商旅舟船往來免役牛牽當縣及諸縣人
戶請水救田臣並掘破湖岸給水如將久遠須置斗

門方得通濟其斗門木植須用槐楠乞給省場板木起建狀下所司處分昇元五年十月四日

不作利物不仁不翦害物不義不仁不義不足爲人先王投凶於四裔盡力於溝洫蓋亦除害興利以厚生民也延禎嘗思致力於人致身於君會國家之使命爲丹陽令因舊碑預聞練湖之事噫世所嫉害大利小者其以湖爲田之謂歟使今之人不獲其利而罹其害旱益枯槁澇滋昏墊徒永歎其災而莫測其亂也田無十室之用湖當四縣之利智者可以從長愚者不可慮始利豈可廢害豈可留且湖之興廢有

似隨國之興廢興於前唐之初廢於前唐之末今我唐開國斯湖豈得廢也具事以聞克諧天心大賚梓材以充門鍵傳命遐邇罔有不悅待事黔庶萃皆相慶於是築塞環岸疏鑿斗門民若子來役俟農隙人不勞而物成財不匱而用畢大澤既陂大水既瀦物得其利民除其災波瀾瀰瀰魚龍以依菰蒲苺苺邑人所資步之終日不得其極望之若海莫知其涯雷雨時行源流歸壑穡人之功不僭而穫乃植柳以助其防興工以陪其闕歲旱靡俟雩河源不患竭丹陽耆舊颺言曰昔之復復其侵今之復復其廢是韋公

之平其初而公以成其終也事雖殊時功其一揆而今而後民其有望庶幾免於患矣愚雖不敏聊以爲銘海大兮波濤溺人湖深兮潤澤生民興廢我恐有數利害孰云奪倫風動菰蒲靡靡浪搖鼉魚鱗鱗遠哉韋公兮予將復新赫赫然帝命兮永數萬春

右呂延禎奏狀并銘

淳熙二年秋旱文惠錢良臣時爲總領請以縣官緡錢及粟募民力浚漚湖治隄之圮而穴者以助荒政上命之詔使歸與郡太守具聞大資沈复自蜀移守相與計徒庸度疆域集三邑少壯之可任者浚治之

教官陳伯廣爲記其畧曰自長山合八十四流而爲辰谿自辰谿而爲湖湖又自别爲重湖隄環湖四十里而築高於舊者六尺加厚四十尺而半殺其上舊疏爲斗門者五爲石磋者三爲石函者十有三皆以備蓄泄也今加版於磋十有二寸加函之管數倍之而易十門之柱以石者眠函之數均用民力二十二萬六千二百九十有七總爲米一萬八千八十石爲錢二千一百三十一萬四千八百皆有奇而錢出於郡帑者五之三鳩工於冬十二月之戊寅粤明年三月朔而班其役

湖分上下

上湖　橫壩　東西斗門　順瀆斗門　橫壩石⿰石達

涇州石⿰石達　令公函　戴家函　伍伯婆函　張

函　堯函

下湖　南北斗門　姚婆石⿰石達　胡頭函　洪家函

新函　蔡陂函　觀松函　龍城後函　南石函

秋函

蔡佑雜記云湖之作本緣運河又有上湖在高卬處

京口諸山之南水自馬林橋下皆歸練湖湖之底高

運河丈餘昔年遇歲旱運河淺卽開練湖斗門放水

入河古有石記言放湖水一寸則運河水長一尺近歲練湖淺澱上湖皆爲四近民田所侵畜水不多隄岸斗門多不修治若遇旱則練湖不足以濟運河夾岡之淺

金壇縣

思湖在縣南六里東北受荆溪水西南流十二里入大溪

高湖在金壇縣西北十里周迴百餘頃北受五中瀆南流十二里入大溪

寰宇記在縣北一十二里灌田一十二頃此二塘梁

普通五年廬陵王記室參軍謝德威置隋日廢武德二年本州刺史劉元超重修復因以爲名焉

長塘湖在金壇南三十里周迴一百二里又名洮湖南徐州記字書洮音姚即五湖之一周處風土記以太湖射湖貴湖滆湖洮湖爲五湖此即洮湖也其水連震澤入松江至海韋昭酈道元皆以此爲五湖之一舊有八十一浦口後所存惟二十有七皆淤塞不通

晉王恭兵敗走至長塘湖

王舒子允之追韓晃於長塘湖

宋泰始二年庾業至長塘湖即與義興太守劉延熙合於湖口夾岸築城制遣沈懷明等東討以督護任

農夫助之自延陵出長塘力戰大破業遂棄城走

唐張籍詩長塘湖一斛水中一斛魚

港

丹徒縣

澗壁港在城東南三十里

按澗壁又作諫壁以南史攷當從諫以南唐書盧絳

傳攷當從澗今兩存之

丁卯港在城南三里卽晉所立丁卯埭

輿地志晉元帝子車騎將軍裒鎮廣陵運糧出京口

爲水涸奏請立埭丁卯制可因以爲名許渾詩序言

於朱方丁卯澗村舍手寫烏絲欄戲目之爲丁卯集
盍輝嘗居此
蕭塘港在縣東北四十五里
洪信港在城西南二十五里
炭渚港在城西南四十里
丹徒東西二港並在城東南十八里
上朱港下朱港皆在城東南上港四十三里下港四十
五里
黄港在城東南四十里
高義港在城西南三十里

樂亭港在城西北十五里
洩溝港在城東南三十五里
戴港在城東南四十三里
廟瀆港在城東南三十八里
大港在城東北四十八里
丹陽縣缺
金壇縣缺
塘
丹徒縣
新豐塘在城東南三十五里

元和郡縣圖志新豐湖晉大興四年晉陵內史張闓所立舊晉陵地廣人稀且少陂渠田多惡穢闓創湖成灌溉之利本傳時所部四縣並以旱失田闓乃立曲阿新豐塘溉田八百餘頃每歲豐稔葛洪爲其頌計用二十一萬一千四百二十功以擅興造免官後公卿並爲之言曰張闓興陂溉田可謂益國而反被黜使臣下難復爲善帝感悟乃下詔曰丹陽侯闓昔以勞役部人免官雖從吏議猶未掩其忠節之志也倉廩國之大寶宜得其才以闓爲大司農

官塘在城南八里

下鼻塘下鼻港皆在城西八里

丹陽縣缺

金壇縣缺

溪

丹徒縣

馬林溪在城南三十里唐皇甫冉有舟行至馬林溪遇雨詩

辰溪自丹徒縣境經延陵鎮北流入於金壇境本名蠆溪蠆音犯孝宗廟諱故俗呼爲辰溪

丹陽縣

白鶴溪在縣東南三十五里一名荆溪出於縣之古荆城故名溪流貫金壇縣北入毘陵郡境

金壇縣

大溪在縣西二里南徐州記大溪東南一百三十七里入長塘湖

唐王溪在縣西南三十里受茅山水東南流入大溪其側有唐王村因名

澳

丹徒縣

歸水澳在中閘之東

元符間漕臣曾孝蘊始置澳閘崇甯初因置提舉官
一員詳見漕渠乾道以來規模浸廢守臣秘閣蔡洸欲復
之未能待制史彌堅深惟昔人置澳瀦水以補漕渠
之泄故閘雖日啟渠不告虧失今不圖濬渠僅濟全
功猶慊迺講尋遺規程工拓址倍廣增深啟閉以時
又因其餘力於轉般倉後刱開護倉壕河東北與甘
露港接仍鼎造石閘木閘二所於港口以便轉輸記
曰春秋大復古譏變古復之爲是變之爲非斯已乎
曰未也必也既復之又旁通而曲暢之使無遺利焉
斯足爲復古也已南徐地高卬漕渠貫城中爲西津

斗門達於江以出納綱運昔之爲渠謀者慮斗門之開而水走下也則爲積水歸水之澳以輔乎渠積水在東歸水在北皆有閘焉渠滿則閉耗則啟以有餘補不足是故渠常通流而無淺淤之患歷年久澳廢弗治渠亦告病余至郡之初視渠湮塞且盡斗門不開公私之舟望吾州跬步不進卒由江陰五瀉而去暇日登北固亭覽觀山川形勢閭閻井閈綿絡江滸乃無培塿之限默計起北固而城之西至於還京門亦足以障蔽一面然役大費夥談何容易會有旨開濬漕渠父老誦言二澳不可不復則按行故迹積水

爲居民抵冒膠固盤錯未易遽得獨歸水隄防略存
私念復一澳固足爲渠利然澳之西南則轉般倉其
東北則甘露港引而環之倉垣因以護倉受者在渠
給者在壕以便夫綱運之出納引而接諸甘露別爲
斗門以通於江亙三水爲長壕則向者默計之城雖
未能就然阻壕爲固是亦城焉而已於是親履其地
度工庸賦丈尺改修歸水故閘以通於渠且濬而廣
之其護倉之壕則取其土以廣倉垣之北規爲他敖
益受灌輸其達於甘露港者則爲上下二閘候潮登
否以益納上流之舟且慮二閘之間不足以容多舟

也視北固之址有陂澤則又通之爲秋月之潭以藏舟焉其下閘之外則濬補八十丈客舟浮江乘便艤泊以避夫風濤之害役既就客有言曰歸水初意祇以灌渠令達之於江閘啟則淺無乃失其爲輔者乎是名變古非復古也余曰始爲歸水之澳者其積特二百丈而余之西引者亦二百丈其東引者百二十丈又益之以新潭合而計殆三歸水之積矣昔者南徐特一郡耳四方之舟至者有限則一斗門足以通之今天子駐蹕錢塘南徐實在所北門萃江淮荊廣蜀漢之漕輻輳於此過客來往日夜如織使古人復

生殆不必守其故智也啟西津斗門以出納夫舟渠
水耗則下澳以益之者其常也乃若舟多而一斗門
不足以受則吾甘露之閘互啟更閉而分受之者其
不常也黃旗紫蓋運在東南萬檣千艘乘時順動吾
子行見之矣是舉也延袤城壕流通漕餉固儲峙安
民旅而輔渠之備且再倍之其爲利不既多乎客顧
謝曰民不可以慮始而成大功者不謀於衆乃今知
變古者徒曰變之而不得夫古人未盡之意是可譏
也而復古者豈膠柱鼓瑟之謂乎願刻之石以諭來
者余非復古者也而客之意有不得辭凡費緡錢四

萬五千四十米石四千九百九十有奇皆出之郡所役禁卒其功力視借助於大軍者三之一水面之廣狹不等廣者十有五丈狹者不下十丈深丈有五尺云

丹陽縣缺

金壇縣缺

蕩

丹徒縣缺

丹陽縣缺

金壇縣

白龍蕩在縣南六里龍祠在焉廟前有亭湖山極可愛米友仁避地留此久之榜其亭曰明秀字極遒勁留於祠西壁

池

丹徒縣

放生池在子城西南

舊稱秦潭歲旱不涸陸龜蒙詩松門穿戴寺荷徑繞秦潭亦曰綠水潭李仲殊詩百丈古潭深魚蝦不計金好來秋夜聽深處有龍吟唐乾元初爲放生池自洋州至昇州凡八十一處潤猶未有聖宋紹興癸亥詔天下各置放生池越四載庚寅潤始立焉守臣閻

學鄭滋記謂潭通海眼理或有之其地右直運河曰千秋橋北峙月觀即萬歲樓前望則鶴林諸山拱立以朝而旁屬側出於東南者壽邱山也回環勝概與夫名物之稱是爲聖天子千秋萬歲膺福介壽之符天造地設豈人力所能及哉臨流建亭榜曰南山得天保報上之義矣

丹陽縣　缺

金壇縣　缺

井泉

丹徒縣

中泠泉在江中

蘇軾遊金山詩中泠南畔石盤陀古來出沒隨濤波

又送金山鄉僧歸蜀開堂詩涪江與中泠共此一味

水蔡肇石排山渡詩中泠之西古石排狂波悍浪不

能摧又煙江疊障圖詩中泠之南古浮玉鐘鼓下震

蛟龍川並用此泠字潤州類集江水至金山分爲三

灃又唐寶庠金山詩西江中灃波四截用此灃字歐

陽修云陸羽茶經論水山水上江水次井水下至張

又新始云劉伯芻謂水之宜茶者有七等以揚子江

南零水第一丹陽寺井第四又載羽爲李秀卿論水

次第有二十種以揚子江南零水第七丹陽寺井第十一皆與羽經相反疑羽不當二說以自異得非又新妄附益之邪又新煎茶水記代宗朝李秀卿刺湖州至維揚逢陸處士鴻漸李素熟陸名因赴郡抵揚子驛將食李曰陸君善於茶蓋天下聞名矣況揚子南零水又殊絕二妙千載一遇可曠之乎命軍士挈缾操舟深詣南零陸執器以俟之俄水至陸以杓揚其水曰江則江矣非南零者既而傾諸盆至半陸遽止之曰自此南零者矣使蹶然大駭馳下曰貫自南零舟蕩覆半懼其尠挹岸水增之處士神鑒也其敢

隱焉太平廣記贊皇李德裕居廊廟日有親知奉使京口李曰還日金山下中零水與取一壺來其人舉棹日醉而忘之泛舟止石城下方憶乃汲一瓶於江中歸京獻之李公飲後歎曰江表水味有異於頃歲矣此水頗似建業石城下水其人謝過不隱也並用此零字前志昔人取中冷泉用油紙覆瓶長竿深探度至井底則別用一竿撞破油紙使水入瓶滿然後引出近歲不復如此取水寺僧乃指水陸堂下井水爲中冷非也

丹陽縣

葛洪鍊丹井在縣東

金壇縣缺

嘉定鎮江志卷六終

嘉定鎮江志卷七

宮室

敘缺

祠廟

丹徒縣

明應英濟公祠在焦山卽焦光祠也宋朝祥符中感眞宗夢始封明應公又親製詞以告今刻石祠內號御製寶幢元祐僧了元焦山十六題中有御製寶幢詩焦山普濟院碑米芾文公名光字孝然漢高陽侯蔡邕贊曰猗歟焦君嘗此元默衡門之下棲遲偃息泌之洋洋樂

以忘食鶴鳴九皐音亮君側乃召乃用將受袞職昊天
不弔賢人遇慝不遺一老屏此四國如何穹蒼不詔斯
惑惜哉朝廷喪斯舊德恨此學士將何法則漢維既絶
焦公同德作者孔聖後生不與易也去一千三百年英
靈炳然感通著於祥符聖製業履詳於魏史芾嘗銘曰
水清石白焦公之宅妙道誰測能語而默俟河之清乃
通帝夢殖殖瑶壇萬靈是擁眄馨遠濁以祚道宋公德
不葷客必蓐素擁徒繁御必以風雨明德感神神應可
呼勒銘津塗以肅薄夫敷文方滋以神有芘民之德爲
請於朝詔加英濟二字郡人蘇師德記文在山中

樞使宇文紹節祠在甘露寺開禧丙寅敵騎犯儀眞郭倪自焚瓜州閫郡惶懼公力鎭靜賴以按堵郡人德之爲生立祠陳珙記公薨設祭貢士姜瑩中文

李衞公德裕祠在北固山甘露寺葢寺乃德裕所建而金壇華陽觀亦有祠焉元祐中林希爲守旣新甘露之祠又寫德裕所著文集五卷會昌一品集二十卷文武兩朝獻替記二卷以授緇徒俾與佛書同藏今不存矣淳熙中建閣貯公之文見郡治

故相文簡向敏中祠在惠安寺

故相秀國公陳升之祠在五州山寺

故相魏國公蘇頌祠在因勝報親寺

彭山龍祠在縣東北三十五里

三賢祠堂在縣圃

武烈帝廟在縣南一里始爲陳府君廟唐追封忠烈公校書郎顧雲爲之記曰圓蓋亭亭配乎上者星辰之與日月方輿蕩蕩列於下者山嶽之與江河合生民而是謂三才資品類而均爲萬象至聰曰聖不測者神旣分幽顯之殊途乃假人祇而共理所以在陽則有賢有哲斡運時權處暗則爲鬼爲神主張陰隲其來尚矣可得言乎隨依石刻書故大將司徒陳公諱杲仁字世威漢太邱

長之十七代孫也潁水聚星引蔓於盤根巨蔕長城吞月分榮於玉葉金枝風神高而鶴立松巔器局偉而鰌藏海底鄰家就學邱兒且歎於重生橋柱留名犬子終期於復出賈誼則年逾卅歲翁歸則才本兼人丹闕上書金門應詔雕弓開而鵠裂鴻筆奮而鸞驚玉片桂枝對天顏而失喜繡衣驄馬下雲路以嘶春時屬陳劍飛空隨旗誓野象泣於開皇歲末龍驕於大業年中水調聲愁柳絮輕籠於夜月迷樓香滿桃花自落於春風蔦書過而急甚飛星鴛枕穩而誰驚醉夢以至天關震動帝輦飄揚胡頭盡縮於漳河鬼目爭生於建業豨是長

山盜聚大洞兵興樂伯通則狠戾秣陵婁世幹則鴟張婺亦公以名光八絕語在德宣法師所撰福業寺碑道著一正眉形高隱於石稜髭尾曾焦於電火元凶授首金鋧鈿之飛來敵騎解圍鐵連錢之入去蚍窮奔穴象怒投林俄成縛虎之功遂降祝鳩之命天門公沈法興初傾欵附末忝姦欺烏頭暗寘於酒杯俄歸厚夜青骨雅當於廟食廼啟蔡祠祀寢先朝神留故土像設宏開於武進威靈密護於全吳至若湘鷰羣飛商羊屢舞雲頭暗濬禾耳生獮南山垂欲爛之憂東海灩倒流之勢蘭修一奠桂酳三傾滂沱之澍雨繩垂倏忽之沈陰電掃其霽霖之神

速也如此又若鶴巢沈響蟻穴停封离火燒雲薰風爨
野土禺之精神愁悴泥龍之鱗甲乾枯巫覡陳辭簫笳
合奏筵上未容於徹饌空中已見於翻盆其救旱之靈
應也又如此變乾坤之舒慘神效已多却封境之妖氛
陰功更大皇唐乾符之二載也突陣將王郢等六十九
人以唐山告捷浙水旋師未及賞功潛思怙亂劫庫兵
而竊發掠民產以紛披移蟻垤於狼山倚鷁舟於鼇海
鉏耰合勢舉烈火以焚燒樓櫓乘風駕驚濤而出入聚
黨僅盈於萬衆連頭遽陷於三州聖主臨軒出神謀而
制勝將軍推轂仗金鉞以專征尚書河東裴公讀八千

卷儒書學五十家兵法名光簪紱氣慴英雄有金尉斗之殊恩負玉唾壺之妙唱入則襞香牋而搖綵筆批天子詔書出則提龍劍而臂雕弧主諸侯法令行開玉帳坐鎮金陵瀝精誠而願與冥通指廟貌而遥祈幽贊神能長駈鬼陣高輔靈旗於蒼茫恍惚之間降雲物風濤之助遂使吳戈雪閃待摏長狄之喉越箭星流乃裂蚩尤之骨洎渠魁告斃餘黨乞降聊憑元化以成功遂抗飛章而達聽優詔尋加於爵賞鴻恩別刱其祠庭地控金甌城臨鐵瓮山分荆峴水接蓬瀛冠蓋雲浮西枕向吳之路松蘿帳合南連招隱之亭邃宇摩空雕牆繚野

翠瓦疊而瑠璃色透彩椽排而玳瑁斑烘窗深則青鎖疏風樓迴則璇題拂漢時或居人輟棹行客停鞍倚欄當薄雨晴初寓目向丹楓落後霜馳疋練指茂苑於煙中黛染雙螺認海門於天末堂嚴塑像廊立靈官凜氣貌以如生奮威稜而若殺雷公電母目閃爍以疑瞋鬼將神兵口囁嚅而欲語一顧則精魂愕眙載瞻則毛髮寒生所以祭非嚴而自嚴神不在而如在俄屬災流濮上盜掠江東孤城懷欲陷之憂萬姓負倒垂之懼丞相司徒燕國公軍謀出眾儒術超羣有岸上虎之雄名有人中龍之美稱才堪料敵機可痊風落塞外之雙鵰氣

呑沙漠挫筵中之五鹿聲烜議圍以詩書禮樂之兼才領征伐牢籠之重寄移從荆渚代撫吳民前茅高舉於中途大敵窮奔於外境仰惟妙算未畢前功將全締創之能更益增修之美先是中開紺殿別坐金人化廟木於祇園變祠宮爲淨土僧普愿教傳西國裔紹南宗心花墜葉於空門忍草抽芽於覺岸談空說偈則天龍遊阿耨之池燃指爲燈則花雨落菩提之木願以斧斤罷弄丹雘停揮拂琬琰以求刊出幾毫而請染雲也運籌無補磨盾何能鐵錢將當於銅錢徒懷素志下駟用齊於上駟未吐良謀屬辭殊異於當仁承命敢陳於固遜

三言獲譽何酬掾吏之恩八字留題更望中郎之筆銘曰乾儀廣大坤德幽元三光四氣五嶽百川陰陽莫測禍福難詮不有神道誰分化權偉彼陳公挺生隨國忠作臣範孝爲民則力遏鯨波手扶鼇極生立洪勳歿留遺德狂童作梗上將陳師陰兵助順戰卒乘時元凶殞命殘蘖輸欵恩頒上爵詔立嚴祠紺獸拏雲飛翚礙日帳卷靈座門開廟室凜凜英氣堂堂偉質鬚磔蝟毛頭蹲虎骨歌鍾雜沓簠簋連延酒有餘酵香無斷煙惟神是享惟禱斯虔安民護境以永終天

按集古錄杲仁終始事迹不顯略見於隋書云唐初

爲隋太僕丞元祐將煬帝已遇殺沈法興與杲仁共殺祐起兵據江表法興自稱總管大司馬錄尚書事承制置百官以杲仁爲司徒其事止見此爾開元中僧德宣爲杲仁記捨宅造寺載其世家頗詳而其功閥官爵歲月多謬毗陵志杲仁晉陵人年十八舉秀才對策爲監察御史隋大業五年受詔平長白山狂寇數萬授秉義尉後平江甯劇賊樂伯通東陽婁世幹等隋主嘉之拔授大司徒公先娶沈法興女大業末法興起兵吳興倚公爲重後欲攘據常州頗復相忌詐稱疾亟因公省問以藥毒之卒唐乾符四年封

忠烈公中和四年封感應侯淮南大和六年册忠烈王江南保大十年因與越兵交戰獲陰兵之助援蔣子文故事册武烈大帝徐鉉集有廟碑

徐偃王廟在城東南三十里又有廟在下鼻塘

按韓愈作偃王廟碑云徐出柏翳爲嬴姓偃王誕當國益除去刑争末事凡所以君國子民待四方一出於仁義周穆王與楚連謀伐徐徐不忍鬬其民北走彭城武原山下百姓隨而從之萬有餘家偃王死民號其山曰徐山鑿石爲室以祠偃王偃王雖走死失國民戴其嗣爲君如初其後公族子弟散徐揚間郎

所居立先王廟潤之有廟當始此

英靈普護聖惠泰江王廟在江下卽下元水府廟也嘉泰元年加封

按五代史楊氏據江左封馬當上水府甯江王采石中水府定江王金山下水府鎮江王而鎮江實爲聖朝開寶所更軍額之兆范鎮東齋記事歲送金龍玉簡於名山三水府預焉祥符初賜下水府廟曰顯濟元豐中僧了元住金山之龍遊寺見廟附禪林以爲非便乃白郡聞朝移於此自建炎焚毀大帥劉光世重創至紹興丁卯都統制王勝重修進士黃俞爲記

歲久頹圮東西廊龍王二祠尤甚嘉定甲戌夏六月不雨守臣待制史彌堅精意默禱嘉應如響乃率羣僚欵謝重議修葺不日落成崇壯軒豁見者肅然動心記曰夫天用莫如龍龍之神有君象焉麟鳳龜龍爲王者嘉瑞麟以德鳳以儀皆不常見龜以前知常見而不常其靈惟龍之見在乎常不常之間其爲用從雲而降雨潤五穀成豐年生民之命實司於龍龍之功不可與麟鳳龜同日語彌堅被天子命來守斯土無善政美化以惠利其人兢兢然覬得一稔則可幸逃責遹今夏六月不雨至於秋孟之十有一日苗

則槁矣農以病苦齋宿而禱於王祠祀史訖事膚寸之陰起於祠旁次日亭午炎曦流鑠獨焦山外江濃雲潑墨冷風掠面如冰雪噤痒兩龍見於雲間水波逆立有聲上與龍接疾電震雷甘霔隨至雱霈越三日歲以大熟彌堅躬率寮吏展敬祠下以答神貺顧瞻殿庭庳隘傾圮甚而覆之蘧蒢疏蔓蒼苔蟠延其間升降之際心恧背汗私念神之所以庇乎人者如彼人之所以奉乎神者如此廟其不可以不新也於是改葺正殿以妥安王靈爲旁小殿二仍其舊以揚子二龍王配食大門廊廡皆撤新之按舊廟始大於

帥臣劉公光世又繼以王侯勝張侯詔歷歲久居民
抵冒蔽遮其前氣不宣通則表而遷之築垣距江外
則三門翬飛跂翼軒豁呈露驚濤捲雪廟瞰其上江
行陸走得以瞻仰是役也都統劉侯元鼎實任其責
既成薦饗則爲迎神送神之辭遺之邦人使歌以祀
以無忘王之賜辭曰中泠之泉洌且清兮維王之神
仁且英兮五風十雨歲以成兮傾倒天瓢不憚勤兮
崇崇之宮妥王靈兮牲酒馨香薦以誠兮王其來歸
福我民兮

丹陽縣缺

金壇縣 缺

嘉定鎮江志卷七終

嘉定鎮江志卷八

僧寺

敘缺

寺

丹徒縣

甘露寺在北固山唐寶歷中李德裕建以資穆宗冥福潤州類集熙甯中主僧應夫因治地獲德裕所藏舍利並手記云創甘露寶刹以資穆皇之冥福時甘露降此山因名乾符中寺焚裴璩重建宋朝祥符庚戌有詔再修令轉運使陳堯佐擇長老居之米芾寶晉集甘露寺悼古詩序云寺壁有張僧繇四菩薩吳道子行

脚僧元符末爲火所焚六朝遺物掃地李衛公祠手植檜亦焚蕩寺故重重金碧參差多景樓面山背江爲天下甲觀五城十二樓不過也今惟存衛公鐵塔米老庵三間故作詩悼之有神護衛公塔天留米老庵之句多景樓記附宮室類樓觀梁時二鑊尚存清暉凝暉二閣廢有堂曰雨花閣曰海門

永業寺舊在金壇縣東南二十五里後請廢額建在登雲門外二里

妙喜寺舊在金壇縣東南四十里後請廢額建在通吳門裏爲都統司功德院中有紀忠堂軍師畢再遇列陣

亡將士職位名祠之
紹安寺舊在金壇縣東南一十五里後請廢額建在登
雲門裏
靖林寺舊在金壇縣東北一十五里後請廢額建在城
西三十里高資市
崇祚寺舊在金壇縣東三十五里後請廢額建在鐵爐
招提寺舊在金壇縣西一十里後請廢額建在登雲門
外楊李村
善業寺舊在金壇縣西北七里後請廢額建在楊李村
東安寺舊在金壇縣藤料沙缺

興業寺舊在金壇縣西一百步後請廢額建在丁角鎮南

景靈寺舊在金壇縣治東二百步後請廢額建在丁角鎮南丁村

幽棲寺舊在金壇縣東八里後請廢額建在胡村

聚慶寺舊在金壇縣東三十里後請廢額建在東利涉門外

丹陽縣缺

金壇縣缺

院

丹徒縣

普濟禪院在焦山祥符圖經不載始建歲月但云㮊朝改今名僧了元自序元祐三年春普濟庵之主者白太守楊公乞居於此院舊有海雲堂善財亭

因勝報親院在府治之南三里唐大中六年建曰妙喜寺南唐曰慈雲宋朝改因勝元祐中蘇頌拜尚書左丞請爲功德院乞以因勝報親禪院爲額壁間有集賢學士黃庭堅開堂疏石刻云因勝得名舊矣報親自天錫之叉云瓶水爐香終借松楸之潤曉猿夜鶴將從杖屨之遊禮部郎米芾跋

昭慶報慈院在城西二里僞吳順義三年置曰延壽院宋朝改普慈蘇軾嘗有詩曰普慈寺後千竿竹卽其地也政和間中書侍郎劉逵請爲功德院賜今額

羅漢院在府治西南一里唐天復中安王亡其名捨果園爲之建炎焚毁隆興中講僧崇習重建塑五百羅漢像京口集有蘇庠羅漢院風漪軒詩

天王威慈院在登雲門裏梁朝建

奉聖院在花山僞吳順義七年置因號花山院宋朝改今名

惠安院在府治之西祥符圖經云本甘露寺下方浴院

南唐保大中自維揚迎旃檀瑞像於此宋朝改今名後廢向文簡公以欽聖皇后賜燕王有功德寺曰資福在開封南渡初寺僧負其像至京口再剙以廢額揭之向氏脊紀并文簡像在焉

報恩院在城南一里本烈帝廟唐乾符中於院南別創新廟而故廟爲報恩院

福圂智果院在登雲門外元符末文肅曾布初入相請建守墳院賜今額

安聖院在登雲門裏紹興中始剏小庵後建爲院取安聖廢額揭之

黃杜普濟院在城西南二十里僞吳乾貞三年鎮海軍

司馬府城都軍使徐知諫建曰資福院祥符四年改今名

海會院在城東南一十五里舊曰尊聖院祥符圖經不載始建之時寺僧云天聖中改今名

登雲院在城西北二里唐建宋朝改爲惠安今城中亦有惠安院

顯慈院在五州山熙甯癸丑故相陳升之再入爲元樞建守墳院請於朝賜今額寺舊在山之腹升之手自裁定曾文肅布與客王律曾遊有詩並見京口集注云曰觀卧雲山中絕景建炎兵火寺徙於山下非丞相自定

舊基

顯慶崇福院在三里岡

顯孝褒親院在城東北六十里圌山之下內有駙馬錢景臻像舊名東霞寺後改今名

靈建院舊在金壇縣東南二十五里後請廢額建在東利涉門裏

寶城院舊在金壇縣東北一十八里後請廢額建在登雲門外二里

丹陽縣

廣福院在縣東北五里祥符圖經不載舊曰觀音院宋

朝天聖間有僧來掛搭相傳以爲每出緣化則常潤眞揚同日見之因號四世界後有高僧言四世界者日光菩薩也僧聞之卽趺坐而逝治平末賜額爲壽聖隆興中改今名院有玉乳泉三字文惠公陳堯佐書餘見故井泉相劉正夫元祐中罷儀眞教官過之留詩後人立石院內

金壇縣缺

嘉定鎮江志卷八終

嘉定鎭江志卷九

道觀

敍 缺

觀

丹徒縣

華陽觀在城東北五十里丹徒鄉馬墅村宋元嘉初置曰仁靜觀唐魏法師碑在觀內胡楚賓文宋朝政和八年改今名

丹陽縣

延昌觀在縣南一里梁大同中建曰永興觀宋朝治平中改今名舊集女冠紹興庚辰郡檄改爲道士觀

歸眞觀在縣東南五十里唐開元廿四年置曰清虛觀宋朝祥符中改今名

金壇縣

太虛觀舊延眞庵在縣治南二里宋朝紹興十七年道士李善應造龍圖蔣璨書額淳熙十五年取廢額爲今名

崇眞觀在南洲去縣十里梁大同二年置隋大業三年廢唐宏道元年復建舊名金壇觀宋祥符中改今額陳德昭有宿崇眞觀詩見京口集

清眞觀去縣十五里漢元壽初建賜額望僊隋大業末

年廢唐天寶間復建宋朝祥符中改賜清眞其大殿寶
元間建梁朝道士郗尊師養道成功從以二虎歸隱茅
山艮常洞今殿前雙檜乃其手植左一株四幹敷花而
不實右一株二幹不花而實京口集有文惠陳堯佐詩
集仙觀在縣東南二十五里金山鄉梁大同初置隋開
皇末廢唐大歷三年重建廣明初里人張彥記
華陽觀與崇壽觀相近梁昭明太子舊宅也任眞君亦
嘗居此其東有冬温泉拍手輒涌起唐寶歷初於崇元
觀南置聖祖院卽其地也先是李德裕鎭西川製老子
孔子及尹眞人像尋移潤州因將至此奉安德裕爲記

見本集宋朝治平中賜號鴻禧宣和初改今名京口集有吏部洪興祖華陽撫掌泉詩

玉虛觀在縣西四十里唐長慶中建曰靈寶觀宋朝治平初改今名

洞虛觀在縣西五十里陶村即梁陶隱居之故廬隱居仙去遂爲觀曰仙居唐長慶中石記在焉宋朝天禧中改今名皇祐初大名從事郭震記

沖寂觀在縣西南三十里上元鄉梁朝徐道士捨宅爲之初曰宗眞觀唐貞觀中曰昇元宋朝祥符中改今名京口集劉圖南避寇有詩

遊仙觀在縣西五十里慶元五年樞密張釜請廢額建元在縣西二十七里廢觀凡一十四悉隸金壇曰延陵元符曰仙眞女冠曰幽巖曰通眞曰尋仙曰棲靈曰終靜曰迎仙曰定仙棲靈終靜宋元嘉初建餘皆梁置

院

丹徒縣

黃堂道院今爲仙台觀在縣南二里是爲諶姆飛昇之地諶姆者字曰嬰常居金陵丹陽郡之黃堂潛修至道吳帝時行丹陽市中逢三歲孩子執姆裾曰我母何來姆哀而收育之旣長明穎孝敬所居常有雲氣姆異之謂曰吾與汝暫此相因汝以何爲號也子曰昔蒙天眞

盟授靈章約爲孝道明王請以此爲號可乎遂告姆修眞之訣已而辭姆飛騰姆密修道法積數十年人無知者至西晉末許眞君遜吳眞君猛遠詣丹陽來授道法姆曰君等仙名在天昔孝悌王降兗州曲阜蘭公家謂公曰後晉代當有許遜傳吾此道是爲衆眞之長留下金丹寶經銅符鐵券令公授吾使掌之以俟子有年矣吾復受孝道明王之法亦以孝爲本今來矣吾當授子乃登壇依科盟授出銅符鐵券金丹寶經并正一斬邪之法三五飛步之術諸階秘訣悉以傳付許君顧謂吳曰君當返師之也許君心期每歲來謁姆姆覺之曰子

匆來吾即還帝鄉矣因取香茆一根南望擲之曰子歸認茆落處立吾祠歲秋一至足矣語訖忽有雲龍之駕來迎淩空而去今新城豐城二縣界有黃堂觀乃眞君訪飛茆之跡倣丹陽黃堂壇而立祠京口集邵彪有詩

丹陽縣缺

金壇縣缺

嘉定鎮江志卷九終

嘉定鎮江志卷十

學校

敘缺

子目缺

臧熹傳高祖鎮京口與熹書曰頃學尚廢弛後進頽業衡門之內清風輟響良由戎車屢警禮樂中息浮夫近志情與事染豈可不敷崇墳籍激厲風尚此境人士子姓如林明發搜訪想聞令軌然荆玉含寶要俟開瑩幽蘭懷馨事資扇發獨習寡悟義著周典今經師不遠而赴業無聞非唯志學者鮮或是勸誘未至耶想復宏之

案高祖開創之初猶以崇學肆業爲急可謂知本矣

臧榮緒純篤好學括東西晉爲一書紀錄志傳百一十卷隱居京口教授南徐州篤愛五經序論嘗以宣尼生庚子日陳五經拜之

諸葛璩世居京口天監中太守蕭琛刺史安成王秀鄱陽王恢甚禮異焉性勤於誨誘後生就學者日至居宅狹陋無以容之太守張友爲起講舍旦夕講誦不輟時人益以此宗之

鎮江府學

此上缺御書殿在大成殿後守臣閣學劉子羽建自紹

興癸亥以後累賜宸翰有易書詩孝經論語春秋左
氏傳又書之周官篇禮之中庸及孟子樂毅論羊祜
傳先聖賛七十二賢賛法帖手詔損齋記總五十四
軸皆墨本又有裴度傳賞賜宰臣張浚浚董師江上
立石於此
學門教官袁孚以規制未備撤而新之
講堂在大成殿之東舊牓曰泮宫今爲成德
三鱣堂在成德堂後楊右史邁書扁東西廊有正録
直學學諭掌計位志道據德居仁由義四齋齋各有
爐亭

張扶重修學記曰鎮江有學始於太平興國五年冬柳開自常移潤八年秋乃發舊創新告遷夫子之廟其顏子孟子以下門人大儒之像各塑繪配享於坐既成刻石紀之且言潤在江南爲上郡有孔子廟當僭僞時闕法莫或崇葺之則知五代以前固有之也寶元中范文正公仲淹載新廟學置田養士迨今賴之因立祠殿庭之後左丞王存爲記元祐中文節林希既建講堂乃於其後復建三鱣堂爲教官退食之所舍法行士日益衆繼以增置宣和間延康毛友又一新之仍舊者廟及二堂

而已建炎初學舍盡廢而爲倉囷獨留廟宇以處
士雖經兵火幸不及焚已而又爲屯兵所據倉官
又撤其餘以營廨舍紹興三年端明胡世將復取
之因陋就簡稍加補葺以來學者然舊學仍爲倉
諸生所舍者廟廊而已又五年寶文李謨請於朝
取講堂於倉兩廡之屋十亡六七其所存者又皆
頹圮又二年廟厄於兵火講堂亦焚撤幾半直閣
程邁卽日先治堂舍以處諸生倉卒趣辦僅庇風
雨次作大成殿未及成而趨朝乃度所用舉而畀
之學閱二政雖各以羨餘助修費而財力弗支終

不克集待制劉子羽視學之初卽有意興復會南北兵寢乃興役凡廟宇學舍之未立與雖立而未及成者下至庖湢之所皆具惟是講堂之弊三鱣堂之廢未及修建越數月悉告備焉爲堂皇屋架大小若干間費役一出於公而邦畛之民弗之知也先是守臣閣學毛友嘗撰學記止及宣和以前扶登載雖詳然未嘗立石

丹徒縣學

縣學在成德堂之東紹興間縣令趙學老重建教官吳武陵記文在丹徒縣治

學庾在戟門之東經史子集儲於成德堂之右分六

厨取禮樂射御書數揭於上監書教官費塤印置
公厨嘉定乙亥徙於成德堂之東縣學之側
麟鳳碑在講壁間乾道壬辰春教官熊克因閱漢碑
取麟鳳二瑞圖而贊曰麟胡爲來有王者起曠代一
獲魯狩漢時聖賢感之經絶史止于嗟麟兮維其時
矣有道則見鳳何爲藏儀韶鳴岐千載相望逮時之
衰歌聞楚狂德備舜文覽輝其翔米芾史云又有一麟鳳圖半篆半隸以九字九行爲率云惟永建元年秋十月饗時山陽太守河内孫君見碑不合禮掾重造其銘辭曰漢武德中興即政二年辛酉之節首歷四十青龍起云云又一云天有奇鳥命曰鳳皇時下有德民富國昌黄龍嘉禾皆不隱藏漢德巍巍永布宣揚天有奇獸名曰麒麟時下有德安國富民忠臣竭節義以修身聞

德來善明明我君麟狀一角直下高如足翅如惡馬
鳳冠高尾長甚可怪也今以芾所載漢碑麟鳳狀似
與圖合故摭其語以證之慶元
四年教官陳德一易之以石

泮泉在學之西守臣待制林希所鑿後因濬得石刻
泮泉二字教官楊邁爲剏井亭牓以篆額

李西臺詩禹迹圖在講堂北壁荆國文公王安石手
帖并潤守許遵詩在東壁

學官元日上巳郡有會諸生之禮自守臣殷撰曾逮
戶侍張杓始秘撰耿秉又於元日爲訓文以厲諸生
至今不廢文曰習鄉上齒行於元日何也意者曰歲
律又新吾儕之齒益長矣以去歲而視前歲德差進

否業稍修否若猶未也甯不惜歲月之虚度入則事
父兄出則事長上去歲之所已行者隱之於心如有
未至則自今已往安可復以去歲之所以事之者事
之乎三綱五常之訓非吾儕踐履尚誰望邪彊學將
以待問幼學期於壯行一歲之間所得於經訓而有
所悟入者何語所藴於胷中而期以施設者何事後
生可畏焉知來者之不如今毋虚過後生之日而驟
驟於不足畏之境曾子曰吾日三省吾身同念去歲
其不省之日多矣可不戒哉　又諭學文曰學校之
設非以士之貧而食之也又非欲羣其類而習爲文

詞也不農不商若何而可以爲士非老非釋若何而可以爲儒事親從兄當以何者爲法希聖慕賢當自何門而入道德性命之理何如而明治亂興衰之故何由而達考之古以爲得失之鑒驗之今以究因革之宜此士之所當用心也自孔堂高弟猶勤勤問仁問智問孝問政問所以爲士請之於師而辯之於友後世之士不逮遠矣儻離羣索居而蔽其所習則固陋乖僻無自而進於道聖人憂之著爲成書以詔萬世教養漸染以俾之講習立師儒之官以董正之此開設學校之本意也升堂而講以質諸公之所疑命

題而試以察諸生之所藴今不惟視爲文具且並與
文具而廢之矣教官自訓導之外無他職事勵之以
修潔之行勉之以有用之學庶幾仰副聖天子作人
之意
丹陽縣學缺
金壇縣學缺
子目缺
丹徒縣　祥符圖經載夫子廟在縣西二里是時尚未
立學蓋州縣立學自慶歷始崇觀以後附在郡學東隅
今之縣學乃紹興丙寅宰趙學老創教官吳武陵記立

石在縣治西廡乾道庚寅宰韓元老會修

丹陽縣　祥符圖經載夫子廟在縣治東偏慶歷中依廟爲之元豐初鼎甃縣尉王致堯刻石紀其畧建炎焚毀惟存大成殿殿額摹政元御書紹興壬戌令吳芑建講堂明年劉長民又作兩廡及齋舍乾道己丑陳玠重建獨殿仍舊東西齋六曰求仁曰好義曰隆禮曰篤信曰教忠曰教和

金壇縣　祥符圖經載夫子廟在縣治東其後依廟建學陋甚紹熙初宰李栥重建堂曰明倫閣曰尊經齋舍器用俱備晦庵先生侍講朱公熹書額永嘉葉適記邑

人劉宰書至嘉定壬申余子壻來貳郡宰唐士列立石

書院

丹徒縣缺

丹陽縣缺

金壇縣

申義書院在希墟前太府寺丞張鎬參政文簡公綱之孫以其居去庠序遠因建書院招名師合族之子弟教之且撥田爲經久計邑人劉宰爲取孟子申之以孝悌之義名之

兵防

自吳孫權都京城理水軍起樓櫓謹斥候魏人撤

兵遠徙京口之兵莫彊焉晉宋以來兵權總於刺
史刺史帶持節都督者不但統京口兵或督中外
軍事或督諸州軍事六朝經理中原率由京口興
師不得不合兵權於此唐初潤州刺史特領一州
非六朝事權比至乾元有丹陽軍建中有鎮海軍
元和間始併二軍爲一是時節度觀察使或統諸
道或統數州然破龐勛破李希烈皆京口兵爲之
則晉人謂之可用宜矣宋朝懲唐末五代兵驕將
專之弊選州兵壯勇者部送京師以補禁衞餘留
本城雖或更戍然罕教閱熙甯七年始詔京畿諸

路兵分置將副無復出戍有警而後遣謂之將兵
元豐四年又詔團結東南路諸軍如京畿法凡十
三將浙西路爲第三將而將兵昉乎此今州兵有
係將不係將係將五禁軍也不係將崇節牢城也
浙西路鈐轄今駐平江秋閱則按其事事已復歸
而潤有州鈐轄則自紹興二十八年守臣楊揆奏
請始又按祥符間京口有新水軍營以水戰南方
之所長也自紹興十一年分屯禁旅水軍有
御前都統制領之而當郡不復置開禧間嘗置防
江一軍未幾改隸都統司嘉定乙亥待制史彌堅
以防江爲今重
事復請於朝
子目缺

水軍　吳志張紘傳注孫權對劉備曰吾方理水軍當移據秣陵時權正屯京

樓櫓　孫韶收父河餘衆繕京城起樓櫓

北府兵　晉郗愔在北府徐州人多勁悍桓溫云京口酒可飲兵可用深不欲愔居之

義軍　劉裕克京口義軍斬桓元驍將吳甫之皇甫敷元大懼使桓謙屯東陵謙等士卒多北府人素畏伏裕莫有鬬志裕與劉毅等分數隊進突謙陣將士無不一當百

萬鈞神弩　宋武帝之破盧循也軍中多萬鈞神弩所

至莫不摧陷輿地志唐頽山西有宋武帝積弩堂

步騎　梁中大同初侯景渡采石邵陵王綸率步騎三萬發自京口直指鍾山出賊不意大破之

鎮海軍　唐建中二年置

宣潤弩手　韓滉爲鎮海節度德宗在奉天淮汴震騷滉訓練士卒鍛礪戈甲稱爲精勁分兵戍河南帝狩梁州滉請以鎮兵三萬助討賊有詔嘉勞李希烈陷汴州滉乃擇鋭卒令裨將王棲曜李長榮柏良器進討次睢陽而賊已攻甯陵棲曜將彊弩數千夜入甯陵希烈不之知良器擇弩手善游者沿汴渠夜入及旦伏弩發賊

乘城者皆死矣及希烈坐幄希烈驚曰宣潤弩手至矣遂大敗東解甯陵之圍復宋汴之路漕路無梗安靖東南滉功居多

樓船　韓滉造樓船戰艦三千柁由海門大閱揚威武

丹楊軍　新唐書地理志丹楊軍乾元二年置元和二年廢

按舊唐書紀元和五年十一月浙西奏當鎮舊有丹陽軍請併爲鎮海軍從之與志年月小異舊書楊從阜

挽硬　鎮海軍節度李錡增廣兵衆選善射者聚之一營號挽硬

甲士　敢死士　咸通五年龐勛陷都梁城辛讜言於泗洲刺史杜慆請出求救於淮浙閏月甲辰至潤州見鎮海節度杜審權審權乃遣押牙趙翼同讜將甲士二千人救泗洲浙西軍至楚州未進讜曰我請爲前鋒乃募選軍中敢死士數十人迎賊死戰揚旗鼓譟而前賊見其勢猛鋭避之

後樓兵　鎮海軍節度周寶募兵號後樓都子璵統之孱不能御軍伍橫肆廪給倍於鎮海驕不可制

淩波軍　南唐竊據每歲五月許民競渡籍其姓名盡蒐以爲兵號淩波軍盧絳以功授淩波軍都虞候吳越

兵圍京口緈率所部舟師突長圍來救

新舊水軍營　祥符圖經載舊水軍營新水軍營並在州治西北三里舊營乃南唐故跡新營祥符六年詔立營廢久矣

都巡檢營廨　長編大觀元年十二月御筆江浙之民輕揚易搖盜竊間作承平日久兵弱勢單一有警急無以制禦阻淮帶江不可不防可相度於杭越之錢塘西興楊潤之瓜洲西津淮口之盱眙臨淮各置都巡檢一員兵給二百人刀魚船五隻各於江淮岸側置營廨屯守分部地界凡沿淮巡檢悉隸之以時巡察姦盜

汰冗兵　紹興元年夏四月浙西大帥劉光世一軍月費錢十六萬米三萬石辛卯上問宰執幾何可以贍足范宗尹以其數對且曰若汰其冗而留精兵三萬可以足用上曰待作手書與之直示朕意

募敢戰之士　四年冬十月知鎮江府沈晦過闕言大將與帥臣各有所職若全倚大將恐不能辦遞年杜充總大兵在建康而帥臣陳邦光不爲措置及充迎敵而邦光被繫以至周望去而湯東野逃郭仲去而李鄴降皆坐此也望撥零兵二千付臣併令臣募敢戰之士三千參用昭義步兵之法期年後京口便成彊藩東晉嘗

謂京口兵可用故北府兵號爲最精唐亦用宣潤弩手平淮甸時方以韓世忠屯軍在府其言不用又乞促張浚統兵爲世忠之援時宰執皆稱晦議論激昂

赤心奇兵兩軍　金左監軍撻辣居祁州而其衆尚留陳楚浙西大帥劉光世守鎮江欲攜貳之乃以金銀銅爲三色泉其文曰招納信寶獲金人則燕餞而遣之未幾踵至得數千衆皆給良馬利器用之如華人因創赤心奇兵兩軍頗得其用

防江軍　開禧二年冬楚州申敵犯清河宜備江面奉旨令閤門陳煥因守臣待制宇文紹節措置防江本府

招募能水武藝効用弁廂軍共一千六百人充本府防江水軍又關撥都統司温州福州防秋把隘海船四十五隻及勸客船二十七隻招到梢碇水手八百餘人通二千四百八十餘人辟差統領將佐措置軍器衣甲屯駐焦金山一帶防捍江面與都統司人船編排字記於沿江上連下接各擇緊要隘口地分防守至開禧三年五月奉旨以二千人爲額以鎮江府駐劄御前防江軍爲名溢額人數仍舊過闕銷豁其統領將佐官兵並泊焦山時未有營廨也守臣趙師䍐於石公山之東起蓋一千三百間置教場以練士卒軍伍既成續江面平息

將海船并梢碇水手申朝廷給據放散至嘉定六年八月樞密院劄下總領錢仲彪都統劉元鼎將防江見管軍兵九百八十九人及衣甲軍器等並撥付都統司水軍及諸軍收管其統領將官照江上離軍恩例與添差在外差遣一次

防江軍衣甲器械　防江軍既隸大軍凡本府素來自備衣甲器械併行撥去嘉定甲戌守臣待制史彌堅請於朝謂州兵自古有之今招填闕額禁軍方議練習而軍器闕然是州兵無用也欲乞給還器械並寨屋充本府禁軍演習居止使用二月樞密院劄下

都統司盡數撥還今本府具已拘收數目申元發往
都統司軍器 鐵甲一千一十九副麻扎刀五十柄白張手射角弓絃二百條弓箭鞹鞢一百六箇弓箭三萬一千六百隻火藥弓箭五百隻墨漆木弓一百二十張苦竹槍頭一千六百箇弩箭鞹鞢三百五十七箇火藥弩箭五百隻斧七百柄斧刃子四百八十箇鐵叉三十五柄大鼓二十面小鼓八十面銅鑼一十面腰刀四百口旗大小一千二百九十八面都管皮四百二十條箭隔九十一條蒺藜火炮二百箇
都統司撥還軍器 甲六百副槍七百七十條麻扎刀五十柄腰刀三百口腰斧三百柄箭鞹鞢一百六箇隊鼓三十面大鼓一十八面金一十面墨角弓一百張新絃二百條黑木弓一百二十張弩箭鞹鞢三百一十二箇鐵鍋一十口弓箭一萬三千八百隻旗大小一千九十六面小鼓五十面叉三十五柄手刀一百口手斧四百柄槍頭一千六百箇斧刃子一百八十箇都管皮二百八十三條箭隔二十二條餘未發到

禁軍　元額管全糧二千一百三十八人嘉定癸酉秋不足五百人卒充局次諸廳雜役而老弱不啻什伍待制史彌堅按籍都閱汰其疲羸籍其子弟廂卒之彊銳者陞刺焉仍立賞格散募招補至乙亥春揀中八百十五人隊外剩員不與

禁營在府治之西

威捷第四指揮額管全糧五百一十人見管大小五百人全糧三百二十六人揀中二百九十六人隊外三十八剩員小分一百七十四人闕全糧一百八十四人

全捷十八指揮額管全糧四百八人見管大小分二十

九人全糧二十四人揀中一十五人隊外九人剩員五人闕全糧
三百七十六人
威果三十六指揮額管全糧五百一十人見管大小
分一百三十八人全糧一百二十二人揀中一百九人隊外一十三人
剩員八人闕全糧三百八十八人
威果六十二指揮額管全糧四百人見管大小分一
百六十四人全糧一百四十四人揀中一百四十人隊外四人剩
員二人闕全糧二百五十六人
雄節第十指揮額管全糧三百一十八人見管大小分
三百二人全糧二百八十九人揀中二百五十五人隊外三十四人剩

員一十三人闕全糧二十一人

廣固指揮　舊有廣固營在西夾城内廢久

廂軍崇節指揮　會要熙甯元年十二月樞密院言廂軍近已團結教閱武藝欲給威邊京西路軍額請受以州軍大小定人數自三百人至百人仍改軍額内兩浙曰崇節並加教閱二字於軍額上從之四朝史志四年樞密院言諸路廂軍名額猥多自騎射至牢城凡二百二十三其間因事募人團立新額而教閱廂軍併爲一額餘從省廢其移併如禁軍法奏可遂下諸路以州大小高下爲序每指揮毋過五百人内兩浙曰崇節

廂軍牢城　元額管全糧三千四十六人嘉定癸酉秋止管四百餘人至乙亥春簡核陞黜之外禁軍改刺丁壯新招共得七百三十八人分隸雜役

崇節十三指揮額管全糧五百四十一人見管大小分一百七十八人（全糧一百六十五人半糧五人）闕全糧三百七十六人

崇節十四指揮額管全糧五百四十一人見管大小分一百四十五人（全糧一百四十四人半糧一人）闕全糧三百九十七人

崇節十五指揮額管全糧五百四十一人見管大小

分一百七十四人全糧一百六十八人半糧六人闕全糧三百七十三人

崇節十六指揮額管全糧五百四十一人見管大小分一百八八全糧一百六人半糧六人闕全糧四百三十五人

牢城第四指揮額管全糧四百四十一人見管大小分七十五人全糧七十人半糧五人闕全糧三百七十一人

牢城第五指揮額管全糧四百四十一人見管大小分八十一人全糧八十人半糧一人闕全糧三百六十一人

威輔堂　舊教場在夾城西長巷內規橅卑狹雨則沮洳軍士不足以容守臣待制史彌堅徙於石公山郎防

江軍教場也去城八里與焦山相對東西濶四十九丈南北長五十六丈鼎創將臺射亭一十九楹名曰威輔取威武文德輔助之義春秋禁旅教閱於此

止戈亭　亭在郡治守臣日閱士卒之所分禁旅爲六隊教以武藝每五日課射給犒而激厲之亭初成待制史彌堅記曰皇朝以禁兵分戍列郡措意深密厥後悉上之制寖隳郡各因其舊數爲額闕上招募雖稍戾本指然壯倈蕃以衞王室以威不軌以定民志猶初意也京口實江表形勝余至郡席未暇煖簡核軍實視故籍不能五之一而工技擊者無百人問諸老胥舊校則曰

中興以來是邦屯駐大軍不賴州兵爲重故兵備寖以單弱今糧簿不五百人而疲羸且十六七率爲宅役庇占開禧兵舋起守臣嘗請諸朝置防江軍已而尋盟則防江軍改隸都統州兵不振有自來矣余心惕焉以爲鑿城築池効死弗去誰實任責而兵顧如是可乎則按籍都閱立格去留黜侏儒者降廂卒而廂卒之彊壯者陞焉執宅役者還隊伍而尪弱疲曳者退焉其存者不十之三則又散募子弟丁壯合舊兵得八百人先是閱場直子城之西列屯之後池洿下雨輒溢淖且岡僻爲守者不得朝夕視教習特具文耳余暇日行郡後荒圃

默計可爲小射亭則築垣畚礫除而抵之又上言於朝謂防江軍雖廢其器械營舍宜歸之州家朝如請下統司次第給還既又按行其營拓舊閲場立堂五間扁以威輔爲春秋蒐獮之所而小射亭則以止戈名之分新軍爲隊隊各百三十八置部將六員其甲冑房簶之屬則創庫以藏隊別其號以便於給納間五日角射藝教陣法决拾坐作候正金鼓頗漸諳習顧精能激惰兵不可以無賞日引月長賞不可以不繼適郡之居務有遺利歲可得七千緡儲以給賞月費六十萬錢而鼓角旗幟皆謹亮而精明之禁旅訓齊則又練巡尉之兵創徼

邏之卒使之嚴扞掫而肅警捕越明年秋大閱威輔郡之軍容稍稍改觀余退而思之佳兵者不祥之器而天生五材誰能去兵吾夫子嘗聞俎豆之事矣而又曰我戰則克蓋思患豫防有備無患兵之善志也今天子以禮樂治天下何事於兵而余戇書生又非能知兵者區區志念特以謹侯度述所職耳乃若塡刺未及故籍則必得尺度如格不敢便文自營於以待後之人庶幾盡復其舊故記其畧於止戈而聞其事於朝省其凡目則載諸案牘及圖經云

巡鋪　初廂無巡鋪官無軍巡待制史彌堅謂濱江爲

郡軍民錯處戢姦弭暴宜不若是疏乃於五廂江口鎮創置巡鋪二十八所以二十八宿爲記鋪各廂軍二名專充巡徼

東西廂五鋪 第一鋪在小市東角字記第二鋪在後軍寨門前亢字記第三鋪在甘露寺井亭氏字記第四鋪在登仙橋房字記第五鋪在土牢巷口心字記

左北廂五鋪 第一鋪在千秋橋尾字記第二鋪在張公橋箕字記第三鋪在嘉定橋斗字記第四鋪在朱方門外牛字記第五鋪在長橋女字記

左南廂五鋪 第一鋪在染造橋虛字記第二鋪在遊奕軍前危字記第三鋪在中山酒庫北室字記第四鋪在屏風巷壁字記第五鋪在草巷內奎字記

右南廂五鋪 第一鋪在張師娘巷婁字記第二鋪在道人橋胃字記第三鋪在西花園前昴字記第四鋪在右軍小寨前畢字記第五鋪在東嶽廟前觜字記

右北廂五鋪 第一鋪在鄧家宅前參字記第二鋪在栲栳閘前井字記第三鋪在轉般倉前鬼字記第四鋪在剗馬務巷柳字記第五鋪在木場巷星字記

江口鎮三

鋪第一鋪在西北較酒務前張字記第二鋪在潮閘前翼字記第三鋪在墅土山軫字記

夾岡巡鋪夾岡俗分大小名之地勢縈廻岐分山脊相距曠迥行者惴惴熊叔茂詩僻疑昏有虎靜惟曉無雞謂此地也守臣殿撰宇文紹彭創置六鋪分撥邏兵舟行陸走藉以無恐

丹徒縣界小夾岡三鋪第一鋪尉司弓手五人第二鋪西津巡檢司土軍六人第三鋪地名新豐圌山巡檢土軍四人

丹陽縣界大夾岡三鋪第四鋪經山巡檢司土軍五人第五鋪尉司弓手五人第六鋪弓手五人

金壇縣界缺

閘兵　元額一百三十人存者無十之一守臣待制
史彌堅奉旨濬渠堰閘落成乃募疆壯會水者三十
人籍爲兵閘官統之及於上閘東側刱寨屋四十楹
充閘兵居止

土軍弓手

丹徒縣　西津巡檢司土軍額管一百八十人見管
九十五人闕八十五人　尉司弓手額管七十五人
無闕　圌山巡檢司土軍額管一百八十人見管九
十五人闕八十五人内分撥茆輪江巡捕三十人先
是嘉定四年守臣待制傅伯成準樞密院劄子爲江

淮制置使司申措置把截私販海湖舟船事劄付本府日下措置或合移防江軍於圌山石牌衝要去處屯駐專一教習水戰及與兩寨同共防警本府遂措置海船選差防江官兵關撥軍器於界內把截外條陳於上曰圌山去本府水路百里石牌又在江陰之下去本府水路三百六十餘里節制非便縱使無此利害圌山石牌正緣根盤膠固囊槖爲姦今移置此軍將來恐又生一圌山石牌非能爲益欲且從舊焦山置營有合更戍處具於後圌山之下約水路百三十餘里有小河寨屬常州小河至申港七十餘里有

申港寨由申港至江陰三十餘里由江陰至石牌十八里有石牌寨皆屬江陰軍置寨之所皆係控扼要害各有巡船若使寨兵用命私販及盜船無有不獲相承爲姦事非一日圌山小河之間又係本府及常州兩界首每遇盜發巡尉互相推託少有捕獲其地有包港一處切盜之所出沒其外新沙居民頗衆又其下則有焦子門兩山地勢尤險今相度欲於包港置寨屋五十間防江軍更戍一百五十人將官一員三月一替仍撥船三隻分番在船泊於沙岸又於圌山撥六十八船兩隻同共防遏葢兼用兩寨則無與

盜交通之弊分番更戍則無根株盤固之患實爲利便其小河申港等處事屬他郡恐别有利便亦乞從朝廷行下本處相度是年六月十九日奉旨依至六年八月防江軍撥隸都統司後止差圌山寨兵三十人

丹陽縣　尉司弓手額管一百二十八人見管一百三八人闕一十七人　延陵巡檢司土軍額管七十七人見管二十六人闕五十一人　經山巡檢司土軍額管九十六人見管八十一人闕一十五人

金壇縣　尉司弓手額一百六十八人見管九十五人

闕六十五人

子目缺

乾道六年鎮江都統制成閔奏制軍之額貴得其當古人自五人爲伍五伍爲兩積而至於爲師爲軍有定數未嘗紊雜竊見鎮江軍馬往年係遊奕選鋒前右中左後水軍人軍後來浸廢遊奕選鋒併作六軍本路屯駐額管四萬七千人除招塡外闕五字千人其餘五軍或多至九千八或少止七千人每將或多至三千人或少止一千人非特多寡不同而亦隊伍不齊臣今欲將水軍以五千人爲卒分作三將餘每軍以七千人爲卒分作

五將每將各據所隸軍分均撥隊伍將見隸諸軍親隨使臣衙兵合併作一處乞添置遊奕一軍如此則軍伍齊整親督教練第其能否以別勤怠自然上下相維小大咸厲軍政修明可責成効兼鎮江諸軍兵將所部軍伍多寡不同所定員數參差不一皆是前後帥臣一時差補即無正授付身苟且因循何以激勸臣欲乞每軍差統制官一員統領官二員每將差正將一員副將一員其各用準備將緣本司路當要衝每歲護送國信八使分遣淮東諸州防托及沿淮巡檢揚州牧放差使之類皆要有心力將官部轄每將欲差準備將二員上件

兵將官乞從本司銓量保明申朝廷正行給降付身日後有所補差並依此例五月二十四日奉旨鎮江府駐劄御前諸軍以前右中左後水遊奕七軍稱呼水軍以三將餘軍以五將共三十三將統制官以七員統領以一十三員水軍止差統領一員正副準備將各以三十三員爲額內受朝廷付身及本軍差權二年以上並特與正差未及二年人且與權差候年限及取旨與差仍令成閲開具合差人數職位姓名申樞密院

前軍寨范公橋一普照寺下一石頭巷一天慶觀巷北一　右軍寨西門裏一灣門橋一西門外牛家坡一經家灣一施水坊鋪二　中軍寨仁和門裏一門外二鶴林門一通吳門外東河

村一　左軍寨鶴林門裏塘堍山下一門外二　後軍寨長橋門一東海門一　水
軍寨洗馬橋一西津西倉門一金雞嶺一　遊奕軍寨光孝觀一八角樓前一鶴林門裏西
花園前一鶴林門外一丹徒縣前一仁和門裏雙望子後一　龜兒寨一百一十二間
前軍大寨三百二十二間　前軍小寨六十間　後
軍寨二百二十七間　中軍寨二百一十間　都統衙
中軍寨六十七間　左軍寨二百五十九間　左軍寨
五百四十八間　右軍小寨九十三間　雄江右軍寨
三十二間　雄江左軍寨一百一十七間　遊擊軍寨
三百六十二間　總効軍寨二十四間　遊奕前軍寨
百八十八間　遊奕後軍寨六十二間　背嵬軍寨五

十間　廂禁軍寨三十二間　拱衛軍寨百一十三間

閘兵寨四十間　延陵巡檢寨在鎮內　經山巡檢

寨元在經山側今移在練湖埂上去縣二十里　包港

寨在永濟鄉潘莊之東守臣待制傅伯成奏請刱置禦

江盜始以防江軍兵更守今撥寨兵守之　牧放寨基

昔在尚德鄉縣東北十里今廢爲民田　西津寨在縣

西北五里大江岸上　圌山寨在縣東南五十里圌山

下戰艦都統司戰艦數內車船在江南岸斷妖港擺泊

戈馬船海船輕舠多槳在下鼻港擺泊而竄船海秋等

却在江北揚州岸擺泊設有緩急非大潮汛倉猝乘駕

慮不及事嘉定甲戌奉旨令鎮江都統司開濬本府海鮮河那移江北戰船一就江南梢泊從守臣待制史彌堅之請也

按建炎二年六月言者以爲東南武備利於水戰宜於江上廣造戰艦列於南岸己卯詔沿江措置限一月畢審此則戰艦在江之南中興初固以爲便矣

嘉定鎮江志卷十終